7 Ideas Que Cambiaron Al Mundo

Descubra Cómo la Biblia Construye Y Transforma Civilizaciones

Aprenda cómo las verdades bíblicas
moldean el mundo en el que vive

Dr. Philip Mitchell

Copyright © 2020 por Philip Mitchell
Todos los derechos reservados. No se permite la reproducción de este libro o cualquier porción del mismo, ni el uso de cualquier manera sin el consentimiento expresado por escrito por parte del publicador a excepción del uso de breves citas en reseñas impresas.

Primera Edición

vl.l.2020

Primera impresión, 2020

ISBN 978-1-7342390-0-3

Publicado por:
Micaiah Ministries
c/o Phillip Mitchell
1310 Jackson Court
Louisville, Colorado 80027

Contenido

Introducción 1

Capítulo 1
La Santidad de la Vida 9

Capítulo 2
El Valor de las Mujeres 17

Capítulo 3
Ministerios de Compasión 25

Capítulo 4
Justicia Social 35

Capítulo 5
Libre Albedrio 43

Capítulo 6
Ética Sexual 51

Capítulo 7
Raíces Cristianas de la Ciencia y la Tecnología 59

Capítulo 8
Más Ideas Cristianas que Cambiaron al Mundo 69

Bibliografía 75

Reconocimientos 77

*Dedicado a mi amorosa esposa y familia, a todos
los misioneros con quienes he servido, y a todas las
personas que Dios ha bendecido a través de nuestro trabajo.*

Introducción

Mi Historia

Soy profesor de universidad y pastor. Crecí en un pequeño pueblo en Wyoming donde asistía a la iglesia cada domingo. Mi comunidad cristiana me enseñó el valor de la Biblia y su poder para cambiar mi vida, pero mi origen religioso no tenía ningún interés en la amplia cultura a mí alrededor. Como la mayoría de los pequeños poblados cristianos de América, nos enfocábamos en nuestro propio pequeño mundo y dejábamos al resto a sus propios asuntos.

En 1969 comencé mi ministerio pastoral. Desde entonces no he dejado de predicar o enseñar la Biblia en la iglesia. Amo y defiendo la inerrante Palabra de Dios, y soy testigo cotidianamente del poder de la Escritura obrando en la vida de las personas, guiándolos a la vida de Dios, y a la salvación.

El 16 de agosto, en 1975, me casé con el amor de mi vida, Nancy. Hemos criado desde entonces a 9 hijos juntos, de los cuales adoptamos a tres. Nuestra dedicación de tan larga porción de nuestras vidas a nuestros diversos hijos es una forma en la que vivimos nuestra fe.

Varios años después de casarme, mi vida dio un giro. Dejé mi rol pastoral en una iglesia en California y seguí el llamado de Dios hacia la universidad. Recibí mi grado de doctorado en Historia en 1992 y comencé mis 25 años de enseñanza en la Universidad de Colorado (University of Colorado) como profesor de historia.

No obstante, mis días como pastor no habían terminado. En 1990 algunos compañeros creyentes y yo plantamos una iglesia en Niwot, Colorado. Mi vida estaba llena de niños, enseñando historia, y predicando la Palabra. Pero Dios, como siempre, tenía aún más para enseñarme.

En 1999, dejé el continente Norte Americano por primera vez. Fui a visitar a algunos de los miembros de mi iglesia en el Sureste Asiático, al país de Camboya. Estos amigos Cristianos, inspirados por su fe, se habían mudado a Camboya para establecer orfanatos y escuelas. Yo, más que nadie, aunque odiaba volar y muy rara vez dejaba mi hogar, me convertí en el líder de su organización. Mi visita fue tanto pastoral como personal. Tan pronto como me bajé del avión, supe que las cosas serían diferentes. Muy diferentes. No era solo el calor, los olores, el tráfico, o la pobreza- era la cultura. La cultura de Camboya era ajena para la cultura Cristiana occidental en la que había crecido, y por primera vez en mi vida personalmente experimenté la profundidad de la siguiente verdad: La cultura afecta en todo.

Cuando regresé de Camboya, comencé a estudiar más: ¿Qué es exactamente lo que hace a la cultura tan poderosa? El erudito Christopher Dawson escribe, "Cultura es el nombre que ha sido dado a la herencia social del hombre- a todo lo que los hombres han aprendido del pasado en el proceso de imitación, educación y aprendizaje, y a todo lo que transmiten de la misma manera a sus descendientes y sucesores."[1] Una cultura es básicamente el clima social de un lugar. Permítame dar una ilustración:

Yo vivo en Colorado, en el punto medio de Norte América, y a más de mil millas del océano más cercano. En el invierno, Colorado se pone muy frío y nieva, así que a mí, como a mucha gente mayor, me gusta volar hacia la Costa Oeste de mi país. Cuando bajo del avión me encuentro en un mundo completamente diferente. En lugar de nieve y hielo, veo palmeras y una vegetación exuberante. La temperatura nunca llega por debajo del punto de congelación. Muchas hermosas flores están floreciendo, mientras que en los alrededores de mi hogar todo está silencioso y aletargado. Una persona conocedora del tiempo y el clima le diría que la diferencia está en la cercanía del océano. Este enorme cuerpo de agua cambia el clima completamente, pero la gente de la Costa Oeste no despierta cada mañana y dice, "¡Gracias Dios por el océano! Sin él nos estaríamos congelando." No, ellos no dedican tiempo para pensar en el océano. Ellos simplemente disfrutan el clima. El océano es la única razón de su clima, pero este hecho raramente se les ocurre. Así es con la cultura Cristiana. El impacto social, político y filosófico del Cristianismo afecta todo en nuestra vida de una forma maravillosa y positiva, pero nunca pensamos en la fuente de tales beneficios, o damos gloria al Señor, quien nos los dio. Sin embargo, si rastreamos la raíz de estas bendiciones, podemos ver la mano del Señor obrando a través de la historia.

En mis clases en la Universidad de Colorado en Boulder, enseño principalmente historia de la civilización occidental. Mis estudios me mostraron que los grandes movimientos filosóficos, la Ilustración, las raíces de la ciencia, la inspiración para cada movimiento de los derechos humanos- mucho de los que los occidentales dan por hecho-provienen de la cultura occidental. Cuando regresé de Camboya, comencé a enfatizar los orígenes de la cultura. ¿Por qué

---

[1] Dawson, Christopher. *The Formation of Christendom*. Sheed and Ward, 1967. P.39

la cultura occidental se había convertido en la más poderosa en la historia del mundo? ¿Por qué influenciaba por doquier? En mi investigación, descubrí que lo que hacía diferente a la cultura occidental eran sus ideas, y cada una de esas ideas venía de la Biblia, el libro de más influencia de todos los tiempos. Mi pasión por la historia y la Escritura se hicieron uno.

El periodista David Aikman se hizo la misma pregunta y descubrió una respuesta similar.

Él habló con un académico chino quien había pasado gran parte de su tiempo tratando de responder a esta misma cuestión: ¿Por qué la cultura occidental es tan poderosa? ¿Por qué es tan exitosa y preminente en el mundo? De acuerdo con este académico, "Estudiamos todo lo que pudimos desde la perspectiva histórica, política, económica y cultural…Nos dimos cuenta que el corazón de su cultura es su religión: El Cristianismo. Por eso es que el Occidente ha sido tan influyente… No tenemos duda al respecto."[2]

Este erudito chino reconoció algo que muchos eruditos occidentales no pueden ver. De hecho, muchos historiadores modernos ignoran o tergiversan el rol de la fe cristiana en la conformación de nuestra cultura. No obstante, de acuerdo a mi propia vida de estudio y mi experiencia, así como los hallazgos de muchos expertos de la civilización occidental: la cultura occidental es abrumadoramente el producto del razonamiento cristiano. Sin el Cristianismo, la cultura occidental no existiría.

Un gran problema en la cultura occidental hoy en día es la asunción de los valores cristianos sin reconocer que son cristianos. Por ejemplo, muchos en el occidente asumen que la igualdad de las mujeres es innata- una idea natural que necesita solamente ser excavada de la tierra de la verdad. Pero las ideas de igualdad, los derechos humanos, e incluso el valor humano son sólo "naturales" en la cultura cristiana. Una de las tareas que tenemos como cristianos es ayudar a otras personas a darse cuenta de dónde provienen verdaderamente sus valores "innatos". La mayoría de los estudios tratan sólo de mirar hacia el futuro. La ciencia, los negocios, la política, el arte- todos ellos tratan del progreso y la innovación. La historia, por otro lado, rastrea las ideas de manera útil a través del tiempo, hasta su origen. El estudio de la historia traza la idea moderna de los derechos de las mujeres a las ideas antiguas del cristianismo.

Tan pronto como empecé a hablar a mis estudiantes acerca de estas ideas que moldean el mundo, compilé una larga lista de razones por las cuales la cultura occidental se ha convertido en la tan poderosa influencia que es ahora.

---

[2] Aikman, David. *Jesus in Beijing: How Christianity Is Transforming China and Changing the Global Balance of Power*. Monarch, 2006. p.5

Conecté ideas específicas que dieron forma a la civilización occidental con sus orígenes en la Biblia. Estas ideas Bíblicas únicas son los elementos principales de una cultura saludable.

Permítame ser claro respecto a lo que he encontrado: todos los seres humanos son igualmente valiosos, pero no todas las culturas los son. Un error que los occidentales cometen es equiparar cultura con etnicidad. Las siete ideas de este libro son para todas las etnias, pero se oponen a muchas culturas. Todas las culturas poseen elementos admirables, sin embargo, no todas las culturas proveen un clima saludable para que la sociedad pueda prosperar. Para que la sociedad progrese, algunos aspectos culturares deben ser eliminados y remplazados.

Otros aspectos culturares son mantenidos, incorporados, e incluso desarrollados debido al cristianismo. Por ejemplo, los cristianos primitivos asumieron ideas griegas que eran compatibles con la doctrina cristiana. Tomaron el proceso académico griego para estudiar su propia doctrina. El cristianismo nunca ha dudado en apreciar e incorporar aquellos aspectos de una cultura que se consideran consistentes con las creencias fundamentales del cristianismo.

Además, la teología cristiana claramente enseña que las otras religiones y culturas contienen verdad. Los cristianos esperan encontrar verdad en otras culturas a la luz de la Revelación General- la creencia de que Dios ha revelado verdad a todos a través del mundo natural (Romanos 1:19,20). Por ejemplo, algunos años atrás un filósofo británico llamado David Conway publicó una lista de los atributos de Dios enseñados por Aristóteles. La lista fue remarcablemente similar a la enseñada en la Biblia, aun cuando Aristóteles nunca tuvo acceso a ningún escrito bíblico. Él obtuvo una percepción de la naturaleza de Dios sólo mediante la observación del mundo natural.

Finalmente, no todas estas características ocurren por igual en todas las culturas cristianas, pero todas aparecen con un grado de variación. Y aunque estas características aparecen esporádicamente en culturas no cristianas, no pueden sostenerse sin la guía del cristianismo y la Biblia.

En el 2015 visité el norte de Tailandia, donde di una conferencia a un equipo de tribus Tailandesas acerca de la influencia de la Biblia en el mundo. Al término de la conferencia un anciano tribal se puso de pie y dio una respuesta muy apasionada. Como él estaba hablando en su lengua nativa, no pude entender ni una palabra de lo que decía pero pude sentir su emoción. Después de que se sentó, mi traductor se giró hacia mí y me dijo, "este hombre quiere que todos sepan cuan agradecido está que Dios haya revelado estas verdades en la Biblia y cuan agradecido está que ellas hayan venido a su gente." El traductor continuó diciendo que esa tribu había luchado con sentimientos de inferioridad, pero ahora ellos poseían las ideas más poderosas en la historia mundial. Estas ideas los llenaron de confianza y esperanza.

Quiero compartir estas siete ideas con más personas. Quiero comunicar lo que en mi vida he pasado atestiguando el poder de la Biblia en la cultura. Quiero que usted, mi lector, sea lleno de la misma confianza y esperanza que inspiraron a mis hermanos y hermanas en Tailandia.

Este libro trata acerca de las ideas más poderosas que jamás hayan entrado a la mente humana. Estas ideas han formado el destino de la raza humana más que cualquier otra influencia. Tienen más poder de cambiar su vida que cualquier otra filosofía que usted haya escuchado jamás. Mi oración es que estas ideas conmuevan su corazón y su mente de la misma manera que han conmovido al mundo entero.

Una Breve Reseña de la Historia de la Cultura Cristiana

¿Este libro trata de la cultura cristiana o de la cultura occidental? Bueno, ambos: las ideas son todas Bíblicas, pero la historia es mayormente occidental.

De cualquier manera, todo comenzó en el Este. Cuatro mil años atrás, Dios eligió descender a la tierra y comunicar su verdad a los seres humanos. Empezó con un humano en particular- Abraham. En Génesis 12:1 la Biblia dice, "Y Dios le habló a Abraham…" Fue uno de los singulares momentos más importantes de todos los tiempos, la fe de Abraham se expandió de una fe personal a una fe familiar. Cuando Dios habló Él comunicó verdades únicas acerca del Él mismo a los descendientes de Abraham, particularmente aquellos provenientes de su nieto Jacob, quien fue renombrado por Dios: Israel. Este hombre tuvo tantos descendientes que su fe se esparció de una fe familiar a una fe nacional: la fe del judaísmo. Durante los siguientes mil años, los judíos comenzaron a registrar la parte de la Escritura que hoy conocemos como el Antiguo Testamento. Moisés, David, Salomón, los profetas, y muchos otros registraron la historia, la sabiduría, y las advertencias de Dios durante las generaciones que les siguieron.

Enseguida, Dios eligió convertirse en un ser humano en la forma judía de Jesucristo y aumentó Su acción reveladora de una forma dramática. En las generaciones posteriores a Jesús, sus seguidores han esparcido estas verdades únicas acerca de Dios a los confines de la tierra. Ellos no sólo predicaron, sino que escribieron los acontecimientos que presenciaron acerca de la vida de Jesús y sus enseñanzas. Ellos, cuidadosamente compilaron estos escritos en lo que hoy conocemos como el Nuevo Testamento.

Desde su origen, el registro Bíblico ha sido preservado más cuidadosamente que cualquier otro documento en la historia. Ningún otro documento antiguo ha sido preservado, copiado, y traducido con tanto cuidado. Como quiera que sea, si Dios no hubiera hablado, nadie lo conocería o creería estas ideas hoy. La Biblia es la revelación directa de Dios mismo.

Después de la vida de Cristo, Dios usó la cultura occidental para extender la influencia del cristianismo a lo largo de Europa. La fe nacional de los judíos se ha, a través del cristianismo, convertido en una fe internacional. El cristianismo y los cristianos mismos han formado desde entonces las bases de lo que es la fuerza más influyente y poderosa en la historia, particularmente en Gran Bretaña y los Estados Unidos de América.

Más recientemente, el cristianismo está volviendo al Este. Aunque la cultura occidental contiene la historia de estas ideas, el cristianismo y la Biblia mismos contienen estas mismas ideas. Como misioneros cristianos continúan predicando a todo el mundo, la fe del Occidente se está convirtiendo en la fe conocida por todos. Como está predicho en el Apocalipsis, aquellos "de todas las naciones, tribus y lenguas" creerán un día (Apocalipsis 7:9). ¡Alabado sea Dios!

Las 7 Ideas Que Cambiaron Al Mundo:

○────────○

1. La Santidad de la Vida

2. El Valor de las Mujeres

3. Ministerios de Compasión

4. Justicia Social

5. Libre Albedrio

6. Ética Sexual

7. Raíces Cristianas de la Ciencia y la Tecnología

CAPÍTULO 1
La Santidad de la Vida

Y Dios creó al ser humano a su imagen;
lo creó a imagen de Dios- Génesis 1:27

Santidad: Suprema relevancia e inviolabilidad. (Oxford English Dictionary)

¿Son todas las personas igualmente valiosas, o hay algunas personas más valiosas que otras? Para la mayoría de las personas en la cultura occidental, esta es una pregunta ofensiva. De cualquier manera, muchas culturas asumen que algunas personas son más importantes que otras: los ricos, los exitosos, los poderosos. Estas culturas asumen a su vez que algunas personas son menos valiosas que otras: los débiles, los enfermos, los pobres, y aquellos con necesidades especiales. Si una cultura fundamenta el valor en la habilidad, o en el estatus familiar, entonces aquellos menos útiles o de nacimiento humilde son menos valiosos. Si una cultura basa el valor en el poder, entonces aquellos que son más débiles son menos valiosos. La fuente de la valía humana está en el centro de la cultura.

Mi hija se encontraba en el hospital con su hijo, un niño con necesidades especiales. Él estaba cerca de la muerte porque sus pulmones no se habían desarrollado y fácilmente contrajo una neumonía. Cuando el médico tratante se enteró que mi hija iba a adoptar a este pequeño, se tornó hostil. "¿Por qué usted adoptaría a alguien así?" preguntó, "Dedique su tiempo y dinero en un niño sano." El doctor dijo esto porque no conocía o creía en las enseñanzas Bíblicas de que este pequeño niño es tan importante para Dios como lo es el hombre más rico del mundo. La cultura cristiana basa el valor, no sólo en la utilidad o el poder, sino que en nuestro valor igualitario delante de Dios.

Las Bases Bíblicas para la Santidad de la Vida

Génesis 1 contiene la declaración más poderosa jamás hecha en la historia humana acerca de la vida: "Y Dios creó al ser humano a su imagen; lo creó a **imagen de Dios**. Hombre y mujer los creó" (Génesis 1:27, énfasis añadido).

Ninguna otra oración ha afectado la vida en este planeta como ésta.

Este versículo cuenta tu historia: Antes de que el universo fuera creado, tú existías solamente en la mente de Dios. Dios te conocía cuando nadie más lo hacía. Efesios 1:4 declara simplemente que Dios "nos escogió en él antes de la creación del mundo para ser santos y sin mancha delante de Él." Él siempre te ha conocido mejor que nadie y amado más que nadie. Tienes un valor infinito para Él. Eres precioso a los ojos de Dios. Cada ser humano es creado único y excepcionalmente amado por su creador Dios. En Salmos 139:13,14 el escritor proclama la clase de valor que sabe que tiene como creación amada de Dios, "Pues tú creaste mis entrañas; me formaste en el vientre de mi madre. Te alabo porque soy una creación admirable."

Considere las implicaciones de esta verdad: Dios ama a cada hombre, mujer y niño. Igualmente. Totalmente. Dios no dijo que algunos hombres son creados a su imagen y otros no. No discrimina por edad, raza, género, estado social o cualquier otra característica. Gálatas 3:28 deja esto muy claro: "No hay judío ni gentil, ni esclavo ni libre, ni varón ni hembra, porque todos ustedes son uno en Cristo Jesús".

Toda la humanidad tiene valor infinito a los ojos de Dios. El hombre poderoso que gobierna sobre una nación tiene un valor infinitos a los ojos de Dios, pero no más que el humilde mendigo que vive fuera del palacio. Los ricos y pudientes son valiosos para Dios, y también lo son los pobres y los que sufren. Un bebé nonato es infinitamente valioso, y también lo es una mujer mayor con enfermedad de Alzheimer grave. Los inteligentes son valiosos para Dios, y también los retrasados mentales. Los débiles y los enfermos tienen un valor infinito, al igual que los ciegos, los sordos y los que no pueden caminar.

¿Cómo puede ser esto? Las personas están hechas a imagen de Dios. Las personas son más como Dios que cualquier otro ser en el universo. Tenemos habilidades que no existen en los animales. Solo las personas crean arte, hablan idiomas y toman decisiones morales- buenas o malas. Un autor observó: "No es que los hombres hagan bien el arte y los perros lo hagan mal. Los perros no hacen arte en absoluto." Incluso a los animales como los elefantes que "pintan" se les enseñó a hacerlo. No solo tenemos dominio sobre los animales, sino que la Biblia enseña que un día gobernaremos sobre los ángeles (1 Corintios 6:3). Organizarás huestes celestiales. Así de especial eres. Eres más que un accidente y más que un animal. Eres infinitamente amado, infinitamente valioso e infinitamente elegido por Dios. Esta es la base cristiana para la santidad de la vida.

¿Cómo afecta la Santidad de la Vida a la Cultura?

Las culturas creen que todas las personas son valiosas o que solo algunas personas lo son. En mi propio país, los Estados Unidos de América, no nos damos cuenta de la base de nuestra creencia de que todas las personas son creadas iguales. A los ciudadanos de la cultura occidental se les ha dado un glorioso sentido de valor y propósito, pero pensamos que lo creamos nosotros mismos. En lugar de creer que somos creados por Dios, cada vez más personas en mi cultura comienzan a creer que estamos formados por la evolución. El problema es que la evolución no promete igual valor para todos los humanos. La idea de que los humanos son valiosos es un regalo de la cultura cristiana, no nuestro código genético. Fue Dios mismo quien insistió en el valor inherente de todos los seres humanos. Irónicamente, todavía no conozco a un profesor universitario ateo que no acepte que todos los humanos son valiosos, pero ninguno aceptará que la fuente de este valor es Dios. Asumen que todas las culturas valoran la vida humana como lo hacemos nosotros, pero no todas las culturas lo hacen.

La Santidad de la Vida en las Culturas No Cristianas

La mayoría de las culturas no creen en la santidad de la vida. Sin esta creencia fundamental, las personas (generalmente los ricos y poderosos) trazan líneas para distinguir quién es más valioso y quién es menos. En el mundo antiguo, se consideraba que algunas personas tenían poco o ningún valor, dependiendo de su estatus social.

Los niños y las personas mayores, físicamente los miembros más débiles de la sociedad, son generalmente aquellos cuyo valor se cuestiona primero. Muchas culturas han desarrollado formas aceptables para deshacerse de los niños no deseados. En su libro, Que seas la madre de cien hijos (May You Be the Mother of A Hundred Sons), Elisabeth Bumiller escribe que envenenar a niños no deseados es una práctica común en la India.[3] Los niños, a pesar de ser el futuro, han sido abusados y devaluados en muchas culturas. Lo mismo es cierto para los ancianos. La eutanasia se ha practicado habitualmente en muchas culturas. Sin la protección de la santidad de la vida, los débiles se convierten en presas de los fuertes.

Una gran evidencia de la devaluación de la vida humana a lo largo de la historia está en el sacrificio humano. En estas culturas, los miembros menos valiosos de la sociedad fueron literalmente sacrificados. Esta era una práctica común en el mundo antiguo. Los cananeos del Medio Oriente ofrecerían a sus

---

[3] Elizabeth Bumiller, *May You Be the Mother of a Hundred Sons* (London: Penguin, 1998)

hijos a sus dioses. Jeremías llamó a esto "hacer que sus hijos pasen por el fuego" (Jeremías 19:5).

El sacrificio humano fue una gran parte de la antigua cultura azteca. He estado en el gran museo antropológico de la Ciudad de México. Dentro de una plataforma que se encuentra encima de las antiguas pirámides hay una esclusa para extraer las grandes cantidades de sangre producidas en las ceremonias religiosas. El museo tiene esculturas de niños llorando porque están a punto de ser sacrificados. Niños reales soportaron esto por miles. En un período de varias generaciones, los aztecas sacrificaron dos millones de víctimas a sus Dioses.[4] En días especiales de fiesta, sacrificaban decenas de miles, incluidos muchos niños. Las tribus del norte de Europa también sacrificaban rutinariamente a los niños para "cosechar dioses" para asegurar un buen cultivo. Después de la victoria en la batalla, sacrificarían a las víctimas capturadas y luego se las comerían.

Los cartagineses del norte de África practicaban el sacrificio de niños. El infante Hannibal había sido seleccionado. Sin embargo, su padre sustituyó en secreto a un niño esclavo en su lugar, y Hannibal se salvó. Antes de que Hannibal se convirtiera en uno de los más grandes líderes militares de todos los tiempos, su vida se consideraba inútil. Su cultura no reconocía la santidad de la vida.[5]

Pero el sacrificio humano no se limitaba a los niños. Cuando un jefe vikingo moría, muchas mujeres jóvenes serían sacrificadas y quemadas con él para acompañarlo a la otra vida. Esta cultura creía que el poderoso jefe era más valioso que las jóvenes sacrificadas en su honor.

La antigua Grecia y Roma son excelentes ejemplos de culturas que no creían en la santidad de la vida. El gran filósofo griego Aristóteles dijo que la naturaleza nos enseña que algunos hombres son inferiores a otros hombres, y que todas las mujeres son inferiores a los hombres. Argumentó que esta es una deducción lógica de mirar el mundo natural. El tipo de discriminación de Aristóteles era rampante en la cultura griega. Los antiguos griegos practicaban regularmente el aborto a pesar de que el juramento hipocrático lo prohíbe. Platón argumentó que era prerrogativa del estado obligar a una mujer a abortar, para que el estado no se poblara demasiado. Lamentablemente, los niños tenían poco valor incluso después del nacimiento. Los niños no deseados se desechaban comúnmente como basura. Eran sacados de sus hogares y expuestos a

---

[4] "History of the Conquest of Mexico by William H. Prescott." *Goodreads*, Goodreads, 4 Dic. 2001, www.goodreads.com/book/show/901365.History_of_the_Conquest_of_Mexico.
[5] Lamb, Harold. "Hannibal: One Man Against Rome." *Amazon*, Amazon, 1 Ene. 1970, www.amazon.com/Hannibal-One-Man-Against-Rome/dp/B0006AVNS2.

los elementos hasta que murieran. El gran filósofo y orador romano Cicerón creía que los infantes deformados debían ser asesinados.[6] El suicidio también era común, incluso alentado, en la antigua Grecia y Roma. Sin una base de autoestima, las personas se volvieron violentas consigo mismas. Grecia y Roma eran culturas de la muerte.

Estos ejemplos de aborto, infanticidio, discriminación y suicidio están regresando a la cultura occidental moderna. Richard Dawkins, profesor en Oxford, dijo a una mujer embarazada que en lugar de tener un hijo con algunos defectos de nacimiento debería abortarlo e intentar tener un hijo mejor.[7] Islandia ha estado recientemente en las noticias por tratar de eliminar el síndrome de Down abortando a todos los bebés en los que se detecta.[8] Esto es una discriminación obvia contra las personas con necesidades especiales- personas de igual valor que cualquier otro ser humano según Dios. ¡Peter Singer, profesor (irónicamente) de ética, argumentó que los padres deberían tener el derecho de abortar a un niño hasta la edad de dos años![9] Este odio a la vida humana ha provocado temblores a través de la autoestima de incluso nuestras celebridades más elogiadas. Robin Williams, Marilyn Monroe y Chester Bennington se quitaron la vida en el siglo pasado. La devaluación de la vida impacta a todos en la cultura circundante.

Sin una base para la santidad de la vida, algunas culturas engendran la muerte.

La Santidad de la Vida en la Cultura Cristiana

La Declaración de Independencia de los Estados Unidos establece que "todos los hombres son creados iguales". Esto es algo que todos los ciudadanos estadounidenses dan por sentado, pero la igualdad no tiene una base filosófica sin la creencia en la santidad de la vida.

En la antigua Roma, los concursos de gladiadores eran tan populares como el fútbol en la actualidad. Miles de espectadores asistían a estos eventos, sin tener en cuenta las vidas extinguidas delante de ellos. Los primeros cristianos condenaron esos espectáculos y suscitaron críticas de la intelectualidad

---

[6] Cicerón (106–43 B.C.) infanticidio justificado, al menos para los niños deformes, citando las antiguas Doce Tablas de la ley Romana cuando dice que: "infantes deformes deben ser asesinados" Alvin J. Schmidt, *How Christianity Changed the World* (Kindle Locations 945-946). Zondervan. Edición Kindle.
[7] *The Guardian*, Agosto 21, 2014;
[8] Patricia Heaton, *America*, Diciembre 4, 2017
[9] Nat Hentoff, *Washington Post*, Septiembre 11, 1999

romana. Sin embargo, la cultura cristiana avanzó lo suficiente como para que, dentro de 400 años, los concursos fueran abolidos. Los intelectuales occidentales hoy ven los circos romanos con horror. ¿Por qué sus contrapartes académicas en Roma tuvieron la reacción opuesta? La diferencia es la cultura cristiana.

La cultura cristiana valora la vida como Dios la valora- desde la concepción en adelante. Es por eso que la cultura cristiana se opone al aborto. Cuanto más una nación está bajo la influencia de la cultura cristiana, más se opone al final de la vida en el útero. Los Estados Unidos ahora se consideran pos cristianos, por lo que el aborto es legal. Incluso nuestra élite cultural ahora favorece el aborto a pedido. Sin embargo, me he dado cuenta de que su defensa de esta práctica bárbara casi siempre incluye definir a los no nacidos como no humanos. El juez de la Corte Suprema Harry Blackmun en su terrible opinión mayoritaria Roe v. Wade se refirió muchas veces a los no nacidos como "potencialmente humanos". Para que el juez Blackmun aceptara el aborto, tuvo que definir a los no nacidos hasta un nivel infrahumano. Esto es un reconocimiento equívoco de la santidad de la vida.

Cada año mi iglesia recuerda la decisión de la Corte Suprema de legalizar el aborto. Tocamos la campana de la iglesia una vez por cada millón de bebés que han sido abortados. El año pasado lo hicimos cincuenta y dos veces. Queremos recordar a los miembros de nuestra iglesia la tragedia del aborto y renovar nuestro compromiso de detenerlo.

La tecnología moderna ha sido amiga de quienes somos pro-vida. Las ecografías pueden dar una imagen muy precisa de un bebé en el útero. Parecen justo los seres humanos que son. Déjelos tranquilos y se convertirán en bebés vivos que respiran. Si un bebé en el útero no es una vida humana, ¿qué es?

Los primeros cristianos se opusieron a matar la vida en el útero a pesar de que la cultura griega y romana a su alrededor la practicaron sin pensarlo dos veces. Cuando las personas se vuelven cristianas, se vuelven pro-vida sin importar en qué cultura crezcan. Las personas que se han convertido en cristianas en Japón o China se vuelven pro-vida a pesar de que su cultura los ridiculiza. No importa cuán proabortista sean los medios de comunicación o la cultura popular, los cristianos siguen siendo pro-vida. Sé que hay iglesias modernas que se hacen llamar cristianas y respaldan el aborto. Pueden llamarse iglesias, pero han dejado de ser cristianos. El cristianismo es pro-vida.

Otra forma en que la santidad de la vida se muestra en la cultura es en su valor de la siguiente etapa de la vida: la infancia. El cristianismo "inventó" la infancia, por así decirlo. Hoy en día asociamos a los niños con sentimientos cálidos, ternura y dulzura, pero en el mundo antiguo los niños significaban más bocas que alimentar y años de espera de que estos pequeños humanos se convirtieran en contribuyentes valiosos para la sociedad. El valor de los niños que damos por sentado hoy es el resultado de la creencia de la cultura cristiana en la santidad de la vida en cada etapa.

Los cristianos aprecian a sus hijos. En las sociedades donde la tasa de natalidad está disminuyendo, los cristianos tienden a tener muchos más hijos que sus contrapartes no cristianas. De hecho, alentamos a las personas a tener más hijos: biológicos y adoptados. En el oeste secular, las familias están cada vez más amenazadas por tener más hijos debido a la "sobrepoblación", pero los cristianos son guiados por Dios para decidir el tamaño de sus familias.

En el mundo en el que llegó primeramente el cristianismo, los niños eran completamente desechables y no tenían derechos. Por capricho del padre, estos niños podrían ser asesinados o vendidos como esclavos. No es así con Jesucristo. Cuando sus discípulos estaban espantando a los niños, dijo: "Dejen que vengan a mí. Porque de ellos es el reino de los cielos" (Mateo 19:14). Como todos los demás seres humanos, los niños son creados a imagen de Dios y, como tales, poseen un infinito valor.

En la sección anterior, vimos la práctica romana de dejar bebés no deseados a la intemperie para que se congelaran o murieran de hambre. Esa puede haber sido la norma cultural, pero la respuesta cristiana fue esta: los cristianos deambularían por las laderas en busca de estos bebés abandonados. Los llevarían a casa y los criarían como sus propios hijos.

Esta práctica de adopción continuó durante la Edad Media. Los cristianos iban a tierras paganas y compraban niños secuestrados en esclavitud. Luego los adoptarían y los criarían en instituciones cristianas.

Adoptar niños ha sido fundamental para el significado de mi propia vida. Al principio de nuestro matrimonio, mi esposa y yo sentimos que el Señor nos guiaba a adoptar niños, y finalmente adoptamos tres. Mis tres hijos adoptivos provienen de diferentes etnias. Cuando salíamos en público, éramos el objeto muchas miradas y preguntas. Cuando la gente me preguntaba: "¿Por qué adoptas niños que son de una raza diferente a la tuya?" Siempre respondía simplemente: "Esto es lo que hacemos los cristianos". La palabra "adopción" es una palabra rica en el vocabulario de un cristiano. Cada cristiano es adoptado en la familia de Dios (Romanos 8:15), por lo que adoptamos niños en nuestras familias. La santidad de la vida es parte de nuestro estilo de vida.

Cuando estaba en Camboya, un director de orfanato me habló de una enfermera cristiana que conocía. Había recibido la noticia de que una familia había decidido deshacerse de su nueva bebé. Ella se enteró de sus intenciones y los siguió a la jungla donde pusieron a la niña en una caja y la enterraron viva. La enfermera esperó a que la familia se fuera. Luego corrió y desenterró a la niña. Ella estaba perfectamente sana y normal. La enfermera la llevó a un orfanato cristiano donde los creyentes la cuidaron. Esta enfermera cristiana actuó como los cristianos en los días del Imperio Romano hace dos mil años. Ella protegió la vida de esta niña pequeña porque cree en la santidad de la vida.

Los cristianos creen en el cuidado de los discapacitados, no importa cuán discapacitados estén. Un médico en un hospital occidental le preguntará a una mujer embarazada si quiere una prueba para detectar defectos de nacimiento. En la mayoría de los casos donde hay anormalidades, la vida del bebé es terminada. Esto no es cristiano.

Recuerdo haberme encontrado con una joven que había ido como misionera a un país no cristiano. Allí comenzó a ofrecerse como voluntaria en un orfanato estatal. Un día llegó un niño que tenía síndrome de Down y tenía un agujero en el corazón. Ella preguntó si podía cuidar de él. El orfanato le dio permiso para llevar al niño a casa con ella para cuidarlo hasta que muriera. Pero no murió. Bajo su cuidado amoroso, él mejoró. Ella pidió y recibió permiso para recaudar dinero para una operación de corazón. La operación fue un gran éxito, y el niño fue adoptado en un hogar cristiano en los Estados Unidos.

El cristianismo de esta niña salvó la vida del niño, porque sabía que las personas con síndrome de Down tienen un valor infinito a los ojos del Dios Todopoderoso.

Otra niña pequeña fue llevada al mismo orfanato. La habían puesto en una caja de cartón y abandonado en una parada de autobús. Un policía la trajo al orfanato. Allí, una maestra estadounidense y su esposo descubrieron a la niña mientras eran voluntarios en el orfanato. Se llevaron a esa niña a casa, la cuidaron y finalmente la adoptaron. ¡Ella es ahora mi nieta!

La santidad de la vida también se aplica a los ancianos. El cristianismo siempre ha cuidado y apreciado a los ancianos, sin importar su condición. En las sociedades occidentales que están dejando de ser cristianas, el asesinato intencional de ancianos se está volviendo más común, a menudo en contra de su voluntad o sin su conocimiento.

Como cristianos, también nos oponemos al suicidio. La vida es un regalo de Dios y no tienes derecho a tomarlo, incluso si es tuyo. Las sociedades en las culturas cristianas a menudo tienen leyes contra el suicidio. Usted podría preguntar: "¿Por qué razón tienen una ley contra el suicidio? ¿No es demasiado tarde?" No. Primero, es importante que una sociedad tome una posición en contra de quitarse la vida. Es un gesto legal que toda vida tiene valor. Segundo, las leyes contra el suicidio son necesarias para que el estado intervenga en la vida de una persona que lo intenta. Le dan a la sociedad un espacio legal para ayudar a una persona e intentan evitar que lo intente nuevamente.

Las culturas que se aferran a la santidad de la vida valoran a cada humano, en cada etapa, en cada condición.

Conclusión

Desde el nacimiento hasta la muerte, los cristianos valoran la vida. Nuestro valor proviene directamente de Dios mismo, no de nuestra utilidad, nuestro poder, nuestro éxito, nuestro éxito o cualquier otra medida. Dios es una fuente constante de valor y, por lo tanto, los cristianos valoran sus propias vidas. No rechazan el regalo de la vida de Dios en forma de suicidio. Como Dios valora a los demás, los cristianos valoran a los demás. Protegen las vidas a su alrededor por igual, independientemente de su origen étnico, deformidad, género o condición social. Dios inyectó la idea de la santidad de la vida a través de un pueblo bíblico que se opone a cada corriente cultural que haya existido antes. La Biblia crea una cultura radicalmente nueva en todas partes donde las personas obedecen la Palabra de Dios.

CAPÍTULO 2
El Valor de las Mujeres

Hombre y mujer los creó- Génesis 1:27

Dado que todas las personas son creadas con un valor inherente, ¿por qué algunas personas son oprimidas constantemente por otras? El propio pueblo de Dios, los judíos, han sido oprimidos y discriminados en casi todas las épocas. A lo largo de la historia humana, diferentes grupos han dominado a otros, pero un grupo ha sido constantemente oprimido: las mujeres. De esta manera, las mujeres representan a todos aquellos que históricamente han sido humillados y vencidos. Solo en la cultura cristiana las mujeres tienen valor en la forma en que Dios las creó: iguales a los hombres, pero únicas.

Desafortunadamente, las personas desinformadas suponen todo lo contrario sobre la cultura cristiana. Ven la Biblia como sexista porque la Biblia enseña las diferencias entre hombres y mujeres, especialmente dentro de la estructura familiar. Una joven estudiante universitaria vino a mí una vez con una serie de versículos que había escogido de la Biblia y que consideraba degradantes para las mujeres. Antes de ir verso por verso con ella, le hice esta pregunta: "¿Por qué criticas el libro que ha hecho más bien para las mujeres que todos los demás libros de la historia de la raza humana combinados?" Esto no es exageración. La difusión del cristianismo y el creciente valor de las mujeres han sido simultáneos.

¿Cómo alienta el Espíritu Santo de Dios a las mujeres a vivir su mismo valor? Bueno, Dios no faculta a las mujeres, como algunos desearían, para derrocar a los hombres y tomar el poder que los hombres han ejercido sobre ellas. Más bien, la Biblia invierte las estructuras de poder de este mundo y revela el valor y el poder que las mujeres, y todos los oprimidos, siempre han tenido en el Reino de Dios. Cuando esta forma de pensar se infiltra en una cultura, se produce una revolución sutil pero radical: la revolución de la cultura cristiana.

La Base Bíblica para el Valor de la Mujer

Bíblicamente, el valor de la mujer sigue naturalmente e inmediatamente después de la santidad de la vida. Estas ideas también están unidas en la Biblia. Génesis 1:27 continúa después de la porción estudiada en el Capítulo 1. "Y Dios creó al hombre a su propia imagen; **hombre y mujer los creó** [énfasis agregado]".

Esta es la declaración más importante y culturalmente influyente que se haya hecho sobre las mujeres. ¿Por qué? Porque tanto los hombres como las mujeres están hechos igualmente a imagen de Dios. No hay discriminación en el valor invertido en hombres y mujeres desde el momento de nuestra creación.

La Biblia también enseña que tanto hombres como mujeres tienen igual acceso a la salvación. En el tiempo del apóstol Pablo, ciertos líderes religiosos judíos recitaban una oración matutina (que no se encuentra en la Biblia) que decía: "Oh Señor, te agradezco que no soy un esclavo, un gentil y no soy una mujer. " En Gálatas 3:28, el apóstol Pablo contrarresta esta forma de pensar diciendo que, en Cristo, "No hay judío ni griego, no hay esclavo ni libre, no hay hombres ni mujeres, porque todos ustedes son uno en Cristo Jesús". En otras palabras, todas las personas, independientemente de su género, son miembros iguales de la familia de Dios.

Hechos 16 registra un importante punto de inflexión en la historia mundial: la introducción del cristianismo en Europa. ¿Quién es el primer converso en suelo europeo? Una mujer llamada Lydia, una vendedora de telas púrpura.

Jesús es nuestro mejor ejemplo de cómo tratar a cada ser humano con el mismo valor. En Juan 4, Jesús habló con una mujer samaritana que era sexualmente promiscua. Se había casado cinco veces y vivía con el hombre número 6. Los judíos despreciaban a los samaritanos, los hombres despreciaban a las mujeres y los justos despreciaban a los pecadores. Sin embargo, Jesús, el justo rabino judío, no menospreciaba a esta mujer. En cambio, le ofreció "agua viva" y la esperanza de la vida eterna. La vio por quién era: un ser humano valioso creado a su imagen. En Lucas 8 leemos que Jesús tenía varias mujeres que viajaban con él y apoyaban su ministerio. Él aceptó a estas mujeres como compañeras en su misión.

La Biblia ordena que el trato de Jesús hacia las mujeres se lleve a cabo, específicamente en el contexto del matrimonio. En Efesios 5 encontramos el texto más comúnmente citado sobre el matrimonio. Hace un comentario sorprendente, casi increíble, en nombre de las mujeres. Bajo la influencia del Espíritu Santo, Pablo instruye a los esposos: "Ama a tu esposa como Cristo amó a la iglesia" (Efesios 5:25). Esta declaración, por sí sola, elevó el estatus de las esposas más que cualquier cosa escrita anteriormente y fue un cambio radical de todas las enseñanzas sobre el matrimonio hasta ese momento.

La Biblia es notablemente diferente de otros documentos antiguos porque incluye el testimonio de mujeres. Después de que Jesús fue crucificado, ¿quiénes fueron los primeros en presenciar su resurrección? Un grupo de mujeres. En los tiempos de Jesús, a las mujeres ni siquiera se les permitía testificar como testigos en la corte, pero aquí, en el plan de Dios, son las primeras testigos de la resurrección del Hijo de Dios.

La inclusión contracultural del testimonio de estas mujeres no es accidental. A lo largo de la Biblia, Dios da gracia especial a aquellos que son humillados y rechazados. De hecho, uno de los temas de las enseñanzas de Jesús es la subversión del poder terrenal. Su sermón más famoso, registrado en Mateo 5-7, enfatiza la gran diferencia entre el reino de Dios y este mundo. Mateo 5:5 "Bienaventurados los mansos, porque ellos heredarán la tierra" y Mateo 5:10 "Bienaventurados los perseguidos por causa de la justicia, porque de ellos es el reino de los cielos", son dos versículos que revelan quién realmente gana en el Reino de Dios: no los astutos y poderosos sino los mansos y justos. Las mujeres y otros grupos oprimidos nunca han sido excluidos del tipo de poder que domina el reino de Dios. Como el apóstol Pablo escribe más adelante: "Por el amor de Dios, me deleito en las debilidades, en los insultos, en las adversidades, en las persecuciones, en las dificultades. Porque cuando soy débil, entonces soy fuerte". (II Corintios 12:10). Jesús mismo dijo a sus discípulos sobre el poder:

> "Ustedes saben que aquellos que son considerados como gobernantes de los gentiles lo dominan, y sus altos funcionarios ejercen autoridad sobre ellos. No será así con ustedes. En cambio, quien quiera ser grande entre ustedes deberá ser su sirviente, y quien quiera ser el primero deberá ser esclavo de todos. Porque incluso el Hijo del Hombre no vino para ser servido, sino para servir y para dar su vida en rescate por muchos" (Marcos 10: 42-45).

Aquí radica el poder cultural de la condición de la mujer: Dios valora la mansedumbre sobre el poder, la justicia sobre el dominio, y el servicio sobre la fuerza. A medida que esta verdad se ha extendido, las estructuras de poder terrenales se han derrumbado y los oprimidos han sido liberados. Como dijo Jesús: "El Espíritu del Señor está sobre mí, porque me ha ungido para proclamar buenas noticias a los pobres. Me ha enviado a proclamar la libertad de los prisioneros y a recuperar la vista de los ciegos, a liberar a los oprimidos" (Lucas 4:18, 19).

Cómo el Valor de las Mujeres Impacta a la Cultura

Históricamente, la mayoría de las culturas han preferido a los hombres sobre las mujeres. En las culturas cristianas, las mujeres son consideradas iguales en valor pero diferentes en función. Dios creó dos géneros diferentes por una razón. Mientras que algunas culturas rechazan el valor igual de hombres y mujeres, mi cultura rechaza que incluso exista una diferencia entre los dos. Cuando rechazamos las diferencias entre los géneros, rechazamos la forma en que Dios ha elegido revelar su imagen en la humanidad. Una cultura bíblica Una cultura bíblica funciona debido a las diferencias entre hombres y mujeres, pero lo hace sin oprimir a ninguno. Lamentablemente, las mujeres en culturas no cristianas son violentamente oprimidas.

El Valor de las Mujeres en Culturas No Cristianas

Me encanta hacerles a mis alumnos esta pregunta: "¿Crees que los cristianos deberían dar la vuelta al mundo tratando de cambiar la cultura?"

Los estudiantes siempre dicen: "¡Por supuesto que no!"

Luego les pregunto esto: "¿Qué dirías sobre un hombre que fue a la India y buscó cambiar una antigua práctica religiosa? De hecho, persuadió al gobierno británico para que aprobara leyes que prohibieran la práctica. ¿Debió haber hecho esto?

Entonces, algunos estudiantes podrían preguntar: "¿Cuál es la práctica?"

"¿Qué diferencia hace?" Yo respondo. "Es su religión". Pero luego procedo a decirles cuál fue la ceremonia religiosa.

Los hindúes en la India practicaban "suttee". Requería que una viuda se arrojara sobre la pira funeraria de su esposo. Si no lo hacía voluntariamente, era atada a la pira y quemada hasta la muerte. Un viejo dicho hindú sostenía: "Si su esposo es feliz, ella debería ser feliz; si él está triste, ella debería estar triste; y si él está muerto, ella también debería morir ". Después de 35 años de esfuerzo, el misionero William Carey consiguió que se aboliera esta práctica, pero incluso hoy en día ocurre ocasionalmente. Sin embargo, la cultura cristiana se impuso en la India, para el beneficiar a las mujeres.

Lamentablemente, el maltrato a las mujeres ha sido común desde la antigüedad. Incluso los pensadores respetados eran discriminatorios, como los filósofos de la antigua Grecia. Platón, que vivió 350 años antes de Cristo, enseñó que si un hombre viviera una vida cobarde, se reencarnaría como mujer. Si ella entonces viviera una vida cobarde, se reencarnaría como un pájaro. Aparentemente, Platón no tenía una visión muy alta de las mujeres. Otro de los famosos filósofos griegos, Aristóteles, dijo:

> "Pero, ¿hay alguien así destinado por naturaleza a ser un esclavo…? No hay dificultad en responder esta pregunta, tanto por la razón como por los hechos. Por eso algunos deben gobernar y otros deben ser gobernados es una cosa no solo necesaria, sino también conveniente; desde la hora de su nacimiento, algunos están marcados para la sujeción, otros para el gobierno. … De nuevo, el macho es por naturaleza superior, y la hembra inferior; y el uno gobierna, y el otro es gobernado; este principio, de necesidad se extiende a toda la raza humana."[10]

Entonces, según Aristóteles, una mujer ni siquiera debería tener libre albedrío, uno de los dones de Dios para toda la humanidad. Otro erudito griego escribió que un niño varón era de vital importancia, incluso más que su madre. Una descendencia masculina era "su principal fuente de prestigio y validación", mientras que una niña era "una responsabilidad económica, una carga social". En la antigua Grecia, era raro que incluso una familia rica criara a más de una hija. Esta cultura prefería a los hombres y los consideraba más valiosos que las mujeres.

Muchas de las prácticas discutidas en el capítulo anterior señalaron a las mujeres. En la antigua Grecia y Roma, las bebés eran mucho más propensas a ser abandonadas en la naturaleza para morir. Por eso las familias romanas y griegas eran pequeñas y tenían menos niñas que niños. Las mujeres han sido abortadas y / o asesinadas rutinariamente al nacer simplemente por su sexo. En las culturas que practicaban sacrificios humanos, la mayoría de las víctimas eran mujeres.

Cuando los cristianos llegaron a Asia hace doscientos años, encontraron que el infanticidio femenino era una práctica común. Otra práctica famosa y discriminatoria fue la "atadura de pies" china, impuesta a las mujeres a gran escala y practicada hasta el siglo XX. Los pies de una niña se envolverían para evitar el crecimiento, manteniendo sus pies pequeños. La deformidad limitaba su movilidad, y debe haber sido terriblemente dolorosa. Esto se hacía porque "a los hombres les gustan los pies pequeños".[11] La preferencia de los hombres se implementó sin que se tuviera en cuenta la preferencia de las mujeres.

Desearía que el maltrato a las mujeres en nuestro mundo fuera cosa del

---

[10] Aristotle, *Politics*, V, 1
[11] M. E. Burton, *Notable Women of Modern China* (New York: Fleming H. Revell, 1912), 20, 163. Citado en Alvin J. Schmidt. *How Christianity Changed the World* (Kindle Locations 2629-2630). Zondervan. Edición Kindle.

pasado, pero no lo es. Hace varios años me quedé en la casa de un director de orfanato en Phnom Penh, Camboya. Relató la historia de una familia que vivía al otro lado de la calle. La madre dio a luz gemelos. Uno era un hombre y otro una mujer. La familia alimentó al niño y dejaba pasar hambre a la niña. La esposa del director cruzó la calle y se ofreció a pagar la comida de la niña. En este punto, la familia estaba dispuesta a alimentar a la niña, pero hasta entonces estaban dispuestos a sacrificar a la mujer para salvar al varón.

Una práctica llamada "circuncisión femenina" es común en África hasta nuestros días. Implica la mutilación de los órganos sexuales de una mujer joven para evitar que experimente placer en las relaciones sexuales. El procedimiento no solo es terriblemente doloroso, sino que también conduce a muchas otras complicaciones médicas.

En algunos aspectos, fuera de la cultura cristiana, la discriminación contra las mujeres es peor que nunca en la actualidad. En su libro, "Selección antinatural", Mara Hvistendahl evalúa los datos demográficos en todo el mundo y llega a esta trágica conclusión: en todo el mundo hoy hay 163 millones de niñas desaparecidas. En otras palabras, debería haber 163 millones de niñas más de las que hay.[12] ¿Qué pasó? Fueron eliminadas a través del aborto por selección de sexo y el infanticidio. Ciento sesenta y tres millones de niñas. Eso es más de veinte Holocaustos. Esta es una tragedia de proporciones incomparables y muestra cuán malvada y hostil es nuestra época actual hacia las mujeres.

El Valor de las Mujeres en la Cultura Cristiana

El cristianismo es la única fe que valora a las mujeres por igual. El cristianismo es también la única fe en la que la mayoría de los adherentes son mujeres.[13] En los Estados Unidos, nuestro gran problema es lograr que los hombres vayan a la iglesia, porque en casi todos los servicios religiosos la mayoría de los fieles son mujeres.

Cristo honra y ama a las mujeres tanto como a los hombres. No hay una doble norma. A medida que la cultura cristiana se ha extendido por todo el mundo, ha traído justicia y alegría a las mujeres. No puede haber mejores noticias para una mujer que el cristianismo se está extendiendo en su país. Una mujer puede decir: "Los representantes de Jesucristo están aquí, y mi vida va a mejorar radicalmente". Eso no quiere decir que el cristianismo perfeccione in-

---

[12] Hvistendahl, Mara. *Unnatural Selection: Choosing Boys over Girls, and the Consequences of a World Full of Men*. PublicAffairs, 2012.
[13] See especially David Murrow, *Why Men Hate Going to Church*; David Murrow; Rev Upd. Edición (2011-11-01) (1800)

stantáneamente el trato a las mujeres en la cultura, o incluso que cada persona cristiana trate a otras mujeres perfectamente. Sin embargo, tan pronto como el cristianismo comienza a influir en una cultura, las mujeres en esa cultura comienzan a ser tratadas mejor. En los Estados Unidos existe un estereotipo del cristiano misógino, y algunas personas han tenido experiencias personales que confirman este estereotipo. Si bien reconocemos que estas experiencias son reales, no podemos dejarnos cegar por el hecho de que en todas partes que el cristianismo se ha extendido, la vida ha mejorado para las mujeres. Dada la opción de una influencia cultural del Islam, por ejemplo, no hay competencia. Las mujeres son honradas y atesoradas en la iglesia cristiana en todo el mundo y a través de los siglos. Las mujeres han hecho todo tipo de ministerio en la iglesia. Han enseñado, evangelizado, iniciado orfanatos y escuelas, difundido el evangelio, traído sanación, practicado obras de misericordia y cualquier otra actividad cristiana concebible.

Un gran ejemplo histórico del valor cristiano para las mujeres está en las culturas antiguas de Grecia y Roma que ya hemos explorado. Las familias cristianas tenían más niñas, no solo porque obviamente no mataban a sus bebés niñas, sino también porque rescataron a las bebés abandonadas de otras familias, creando así un número de niñas aún mayor que el promedio en sus familias. El historiador cristiano Rodney Stark observó que una razón por la cual el cristianismo creció tan espectacularmente durante los primeros años de su existencia se debió simplemente a la población de jóvenes cristianas.[14] Cuando los hombres romanos llegaban a la edad de casarse, había muy pocas mujeres romanas para casarse. Se dirigieron a la comunidad cristiana para buscar esposas, a menudo convirtiéndose en cristianos en el proceso.

El matrimonio cristiano es una institución maravillosa para las mujeres. Hace quinientos años, Martin Luther hizo lo que entonces era una observación radical: que el mejor amigo de un hombre es su esposa.[15] La cultura cristiana protege el matrimonio, para gran bendición de las mujeres. Su papel en el matrimonio es atesorado. El cristianismo exige moderación sexual e insiste en la monogamia, en parte porque la sexualidad desenfrenada y la poligamia son muy destructivas para las mujeres. El cristianismo enseña que las mujeres nunca deben ser "contenidas" o utilizadas, sino que sus esposos las aprecien y honren. No hay doble estándar sexual. Se espera que las mujeres sean moralmente castas, pero también que lo sean los hombres. En el mundo romano, las mujeres

---

[14] This is one of Rodney Stark's arguments in *The Triumph of Christianity*: HarperSanFrancisco; (May 9, 1997)
[15] Taken from *"Martin Luther on Marriage"*; https://livingbydesign.org/martin-luther-on-marriage/

estaban muy restringidas en su comportamiento sexual, pero no los hombres. En la iglesia cristiana, Dios espera el mismo comportamiento de los hombres como lo hace con las mujeres (ver el capítulo sobre Ética Sexual). Además, los cristianos promueven la libertad de las mujeres para elegir un esposo. El matrimonio forzado es casi inexistente en la cultura cristiana, y se honran las elecciones de las mujeres.

Después de la Reforma protestante, la alfabetización femenina se hizo universal. ¿Por qué? Las madres cristianas querían poder leer la Biblia a sus hijos, y ¿cómo podrían estar en desacuerdo los padres cristianos? Estas mujeres no tomaron la libertad de ser educadas por los hombres. Dios cambió los corazones de todos, tanto hombres como mujeres, porque el cristianismo promueve la educación de las mujeres tanto como de los hombres.

Los cristianos lideran el mundo en oposición a la prostitución y la trata de personas, instituciones que deshumanizan y degradan a las mujeres. Cuando estaba en Phnom Penh, Camboya, me dijeron que, en esa ciudad de un millón de personas, había setenta y cinco mil prostitutas. La mitad de estas chicas tenían menos de quince años. Tal situación nunca sería tolerada en la cultura cristiana, y los cristianos luchan por restaurar la dignidad de las mujeres en todo el mundo.

En una visita a Katmandú, Nepal, visité una gran iglesia evangélica. Un diácono me llevó a recorrer sus instalaciones. Señaló hacia un edificio y dijo: "Allí hay viviendas para viudas hindúes que no tienen familia. Les permitimos vivir aquí con dignidad." Señaló otra dirección. "Ese es un hogar para mujeres jóvenes que fueron vendidas para prostituirse en Bombay. Vamos allí y predicamos en las calles, pidiéndoles a estas jóvenes que se arrepientan y abandonen su vida de prostitución. Las traemos de vuelta aquí, les enseñamos un oficio y les permitimos vivir vidas abundantes." El cristianismo ha transformado la vida de estas niñas al contrario de su cultura actual, porque el cristianismo cambia la cultura desde adentro.

Otros movimientos cristianos modernos incluyen la oposición al aborto y al infanticidio, que indirectamente protegen a un gran número de mujeres, ya que las mujeres son, con mucho, las víctimas más comunes de estos males.

El cristianismo protege, honra y valora a las mujeres.

Conclusión

La discriminación es uno de los grandes pecados de nuestro mundo. El cristianismo eleva a las mujeres, no al tomar las estructuras de poder de los hombres, sino al subvertirlas y dar paso al reino de Jesús. El cristianismo no ha hecho que las mujeres modernas sean más valiosas e importantes. Ha reconocido que las mujeres siempre han sido valiosas e importantes. El cristianismo empodera a las mujeres y otros grupos oprimidos desde adentro, para conocer su propio valor dado por Dios a pesar de los malos tratos, e imprimir su mayor valor en la cultura que los rodea.

CAPÍTULO 3
Ministerios de Compasión

Cuando Jesús vi las multitudes tuvo compasión de ellos- Mateo 9:36

Dios ciertamente ha creado a todos los hombres y mujeres a su imagen, concediéndonos un valor más allá de nuestra imaginación, independientemente de nuestro género, etnia o cualquier otra circunstancia. Pero, ¿cuál es la respuesta adecuada de quienes tienen más poder y recursos terrenales a quienes tienen menos? ¿Deberíamos usar nuestro mismo valor ante Dios como una excusa para ignorar el sufrimiento? No. De hecho, la Biblia enseña que el corazón de Dios es especialmente tierno hacia los pobres y los necesitados. Cuando las personas se convierten en cristianas, una evidencia primaria de fe es una profunda compasión por las personas pobres y enfermas.

Cuando era niño, mi padre contrató a un hombre pobre para que trabajara para él. El hombre no era especialmente habilidoso, pero mi papá lo contrató de todos modos. Trabajé junto a este hombre durante unos días y observé su pobreza. Una noche en la cena, le dije a mi papá lo pobre que era este hombre. Mi papá no dijo nada, pero la semana siguiente noté que el hombre tenía zapatos nuevos. Me contó sobre un generoso regalo que la iglesia, donde mi padre era diácono, le había dado. Cuando era niño, aprendí una poderosa lección sobre la compasión de la iglesia cristiana. He aprendido aún más como historiador y pastor.

Las Bases Bíblicas para los Ministerios de Compasión

Después de que Dios creó al hombre a su imagen en Génesis 1, el pecado entró en el mundo (Génesis 3). Junto con el pecado vino la muerte y cualquier otra forma de dolor y sufrimiento. ¿Qué enseña la Biblia sobre los pobres, los débiles, los que sufren? De principio a fin, la Biblia enseña que la compasión es clave para la respuesta cristiana al pecado y al dolor. Los cristianos deben ayudar, restaurar y sanar.

Los Salmos y Proverbios del Antiguo Testamento hablan al corazón de

Dios por los indigentes. La mujer virtuosa de Proverbios está marcada por su actitud hacia los pobres: "Ella abre sus brazos a los pobres y extiende sus manos a los necesitados" (Proverbios 31:20).

La comunidad de compasión de Cristo no tiene requisitos de membresía. Tenía un corazón para todos. Algunos grupos religiosos se jactan de su compromiso con sus propios miembros. Eso puede ser loable de cierta manera, pero no es cristiano. El cristianismo da la bienvenida a todos, sin importar su condición de miembro. Una iglesia que no se preocupa por los pobres es una iglesia que no obedece a Dios. El Espíritu de Dios declara esto claramente en Proverbios 14:31: "El que oprime a los pobres muestra desprecio por su Hacedor, pero el que es amable con los necesitados honra a Dios". Dios no ama a los pobres más que a los ricos, pero su corazón se conmueve de manera única por la difícil situación de los pobres y los que sufren. "El Señor está cerca de los quebrantados de corazón y salva a los que están abatidos de espíritu" (Salmo 34:18). La mayoría de la gente quiere alejarse de la pobreza y el quebrantamiento, pero Dios se acerca.

Dios mismo se acercó físicamente a nuestro quebrantamiento en la encarnación de Jesucristo. Mientras ministraba en la tierra, Jesús se preocupaba por los pobres y los enfermos. Mateo 14 cuenta la historia de un día difícil en la vida de Jesús. Su primo y precursor de su ministerio, Juan el Bautista, acababa de ser decapitado. Comprensiblemente, Jesús busca tiempo con sus discípulos, pero las multitudes lo siguen. ¿Cuál es la reacción de Jesús? "Cuando Jesús desembarcó y vio una gran multitud, tuvo compasión de ellos y curó a sus enfermos" (Mateo 14:14).

Jesucristo desafió muchos tabúes sociales sobre los enfermos. No evitó el sufrimiento; él lo abrazó. Por ejemplo, Jesús ministró a los leprosos como nadie más lo hizo. En los días de Jesús era tabú estar cerca de leprosos, mucho menos tocarlos. Sin embargo, en el ministerio de curación de Jesús a los leprosos, los toca. Jesús también se asoció con personas consideradas escoria de su sociedad. Los recaudadores de impuestos y los pecadores fueron bienvenidos para seguir a Jesús a pesar del daño que esto trajo a su reputación. Cuando se le preguntó por qué toleraba tal compañía, Jesús respondió: "No son los sanos quienes necesitan un médico, sino los enfermos. No he venido a llamar a justos, sino a pecadores al arrepentimiento" (Lucas 5: 31,32). En otras palabras, solo las personas que se dan cuenta de su pecado pueden ser sanadas por la compasión de Jesús.

La cultura de los días de Jesús, como muchas en nuestros días, equiparaba el sufrimiento y el pecado. El razonamiento es el siguiente: si las personas están sufriendo, de alguna manera deben merecerlo. Jesús pensó diferente. Juan 9:1-3 registra en este intercambio entre Jesús y sus discípulos: "A medida que avanzaba, vio a un hombre ciego de nacimiento. Sus discípulos le preguntaron: '¿Rabí, quien pecó, este hombre o sus padres, para que naciera ciego?' "Ni este hombre ni sus padres pecaron", dijo Jesús, "pero esto sucedió para que las obras de Dios pudieran mostrarse en él.' " El ejemplo de Jesús nos enseña a amar a las personas necesitadas sin importar la razón de sus sufrimientos. No culpamos a la víctima por su dolor. Intentamos aliviar ese dolor.

Pero, ¿qué pasa con la persona que ha traído su sufrimiento sobre sí mismo mediante un comportamiento pecaminosos y malas decisiones? El ciego obviamente no trajo su ceguera sobre sí mismo, pero a menudo el sufrimiento es un resultado directo del pecado personal. Un ejemplo bíblico de esto es el adulterio del rey David con Betsabé (II Samuel 11). Cuando fue confrontado por su pecado, David escribió el Salmo 51 como respuesta, en el que grita: "Ten piedad de mí, oh Dios, según tu amor inagotable; según tu gran compasión borra mis transgresiones" (Salmo 51: 1). David confió en la compasión de Dios, incluso frente al pecado personal. Sin embargo, la Biblia nunca nos dice que disculpemos el pecado de una persona. David sufrió terribles consecuencias por su adulterio, a pesar de que recibió la compasión de Dios. A los cristianos se les dice que condenen el pecado, que permitan e incluso que agreguen a las consecuencias, pero mostramos compasión por los pecadores. Al igual que los pecadores que seguían a Jesús, admitimos que somos personas enfermas que necesitan un médico. Mostramos compasión a los demás porque hemos recibido compasión de Dios.

Nuestra mayor necesidad de compasión no es vencer el sufrimiento o la pobreza, sino vencer el pecado. Los ministerios de compasión ciertamente proporcionan alimentos y curación, pero su objetivo no es "acabar con la pobreza". Su objetivo es difundir el evangelio. Incluso en el Antiguo Testamento, la compasión de Dios fue vista como la respuesta a nuestro problema de pecado.

"El Señor es clemente y compasivo,
lento para la ira y grande en amor.
No sostiene para siempre su querella
ni guarda rencor eternamente.
No nos trata conforme a nuestros pecados
 ni nos paga según nuestras maldades.
Tan grande es su amor por los que le temen
como alto es el cielo sobre la tierra.
Tan lejos de nosotros echó nuestras transgresiones
como lejos del oriente está el occidente." (Salmo 103:8-14).

Jesús hizo posible el perdón del pecado, y realizó el acto de compasión supremo al morir en la cruz. Él hizo esto por nosotros cuando aún éramos sus enemigos. "Verán, en el momento justo, cuando aún éramos impotentes, Cristo murió por los impíos. Muy raramente alguien morirá por una persona justa, aunque por una buena persona alguien podría atreverse a morir. Pero Dios demuestra su propio amor por nosotros en esto: cuando aún éramos pecadores, Cristo murió por nosotros" (Romanos 5:6-8). Ese sacrificio supremo ha funcionado a través de todo el cristianismo, y es por eso que estamos comprometidos a hacer obras de compasión.

La compasión de Jesús por nosotros no solo tiene misericordia de nuestro pecado, sino que también nos da una recompensa eterna. Esta es otra razón por la cual los cristianos lideran el mundo en los ministerios de compasión: Sacrificamos nuestras vidas para servir a los demás porque no creemos que esta vida sea todo lo que hay. De hecho, esta vida no es tan importante en comparación con la próxima, de acuerdo con la enseñanza cristiana. Sin esta creencia, los cristianos no podríamos permitirnos psicológicamente renunciar a nuestras vidas. Si esta vida fuera todo lo que tenemos, entonces nos aferraríamos a ella con todas nuestras fuerzas. Los cristianos no sienten la obligación de vivir solo para esta vida. En poco tiempo estaremos todos con el Señor y viviremos con Él para siempre.

Mateo 25 cuenta una parábola sobre el fin de los tiempos. A aquellos que han mostrado compasión durante su vida, Jesús les dice: "En verdad les digo que lo que hicieron por uno de estos hermanos míos, aun por el más pequeño, lo hicieron por mí". Esta simple historia ha tenido un poder cultural sin medida. Jesús afirma que si usted ha ministrado a alguien que tiene hambre o sed, entonces sirvió a Jesucristo mismo. El Señor de la gloria se pone en el lugar de los pobres y los que sufren y les pide a sus seguidores que lo sirvan. ¿Y el resultado? "Vengan ustedes, a quien mi Padre ha bendecido; reciban su herencia, el reino preparado para ustedes desde la creación del mundo" (Mateo 25:34).

El valor para la próxima vida es también la razón por la cual los cristianos dan más a la caridad que otros. Los estudios sobre filantropía muestran que los cristianos superan a los no cristianos por un amplio margen.[16] ¿Por qué? Jesús nos dijo que acumulemos tesoros en el cielo, no en la tierra, y le obedecemos. Nuestra herencia en el cielo es mucho mayor que cualquier riqueza que podamos ganar en la tierra. No es de extrañar que los cristianos estén dispuestos a renunciar a sus vidas en compasión por los demás, por servicio a nuestro Señor Jesús.

---

[16] Para un enfoque académico de este tema ver: Brooks, Arthur C. *Who Really Cares: the Surprising Truth about Compassionate Conservatism: Americas Charity Divide - Who Gives, Who Doesn't, and Why It Matters*. Basic Books, 2007.

Como los Ministerios de Compasión Impactan la Cultura

Mucha gente pregunta: si Dios existe, ¿por qué hay tanto sufrimiento en el mundo? ¿Por qué no solamente lo arregla? La respuesta cristiana a este problema es la compasión. Para deshacerse del sufrimiento, Dios tendría que deshacerse de la humanidad. La compasión de Jesús, revelada a nosotros en la cruz, es cómo Dios está "arreglando" el problema. En lugar de deshacerse de nosotros, Jesús nos está cambiando de adentro hacia afuera, y la cultura junto con nosotros. Él está representando su solución hasta el día de hoy, a través de los ministerios compasivos de la iglesia en todo el mundo. La respuesta humana natural al sufrimiento es alejarse de él. La respuesta cristiana es entrar en el sufrimiento por amor a la víctima. Esto es compasión. Es completamente contra intuitivo. El dolor y el pecado en este mundo es tan inquietante que la preferencia obvia de las personas es evitarlo. Sin embargo, si una cultura va a mejorar, la gente debe responder al sufrimiento, no evitarlo. El cambio cultural es sembrado en semillas de compasión.

La Falta de Compasión en Culturas No Cristianas

Sin el cristianismo, las culturas no están motivadas para ayudar a los pobres, por lo que evitan, condenan o incluso matan a aquellos que necesitan compasión. A medida que las personas corren para alejarse del dolor, lo causan más y más, lo que resulta en una espiral descendente de pecado y sufrimiento.

El gran filósofo griego Platón (427-347 a. C.) dijo que un hombre pobre (por lo general un esclavo) que ya no podía trabajar debido a una enfermedad debía ser abandonado para que muriera.[17] Recuerde las palabras de Séneca, el filósofo romano del primer siglo: "Ahogamos a los niños que al nacer son débiles y anormales."[18] En estas culturas antiguas, no había compasión por los débiles. En lugar de usar su influencia para ayudar, estos poderosos pensadores cedieron a la noción de que el sufrimiento debía evitarse a toda costa. No tenían compasión porque no conocían a Dios.

Además de esto, las religiones paganas de Roma no proporcionaron motivos para la caridad. La caridad casi siempre requiere un motivo religioso. Muchas personas en la cultura occidental no tienen creencias religiosas específicas,

---

[17] Schmidt, Alvin J. *How Christianity Changed the World*: Formerly Titled Under the Influence. Zondervan, 2004. (Kindle Locations 2720-2721). Zondervan. Edición Kindle.
[18] Schmidt, Alvin J. *How Christianity Changed the World*: Formerly Titled Under the Influence. Zondervan, 2004. (Kindle Locations 3261-3262). Zondervan. Edición Kindle.

pero practican la caridad. Lo hacen porque son productos de la cultura cristiana y creen profundamente en sus almas que deben dar a los necesitados. Estos filántropos motivados ciegamente deberían buscar las raíces de su deseo caritativo y rastrearlo hasta el corazón de Dios.

Una joven enfermera cristiana a quien conozco desde hace muchos años estaba sirviendo en la zona rural de Nepal. Una vez, cuando regresaba a su hospital rural, su autobús se detuvo cerca de un pequeño pueblo. Todos salieron a ver qué era el atraco. Una niña había sido atropellada por un vehículo y estaba tendida en medio de la carretera con una fractura compuesta en la pierna. Esta joven enfermera se movió de inmediato para ayudarla, pero fue detenida. La niña era de una casta inferior. No debía ser ayudada ni siquiera tocada. La enfermera fue obligada a regresar al autobús y la niña fue dejada morir. Sin Cristo, las culturas no tienen compasión.

Recientemente ha habido una gran controversia sobre los misioneros que han contraído el ébola mientras ministraban a los sufrientes. Algunos estadounidenses ricos los han acusado de ser tontos al arriesgar sus vidas por las víctimas del ébola.

Estas personas condenan a los misioneros, pero no lo entienden porque no conocen a Jesucristo. Los cristianos entregan sus vidas para ayudar a los enfermos porque Jesús lo hizo. ¿De dónde creen estos adinerados americanos que su riqueza y seguridad vienen?

Si viaja por el mundo hoy, encontrará que la compasión falta tristemente en países con poca influencia cristiana. Los occidentales están conmocionados por el violento desprecio por la vida humana. Debemos recordar las raíces filosóficas de la compasión. Entrar en el sufrimiento de los demás no es natural para los seres humanos. La compasión fluye del corazón de Dios, y solo se considera razonable en la cultura cristiana.

Ministerios de compasión en las culturas cristianas

No existe evidencia histórica de ministerios organizados de compasión en el mundo antes de la venida de Cristo. Desde la resurrección de Cristo y el don de su Espíritu Santo, los ministerios de compasión han estado en el centro de la difusión del cristianismo.

El historiador Christopher Dawson hizo este comentario sobre la cultura de la iglesia primitiva: "Fue esta cultura cruel e inhumana a la que entraron los cristianos. A diferencia de los paganos, mostraron compasión al cuidar a los débiles, enfermos, oprimidos y moribundos, a menudo arriesgando sus propias vidas en el proceso ... Los cristianos en medio de múltiples y malignas pestes ... no dudaron en dedicar sus servicios, y con demasiada frecuencia sus vidas a los enfermos".[19]

Tertuliano vivió en el Imperio Romano aproximadamente en el año 200 d. C. Nos informa que los primeros cristianos tenían un fondo común al que daban voluntariamente, sin ninguna obligación, en un día determinado del mes, o cuando quisieran contribuir. Este fondo apoyaba a viudas, discapacitados físicos, huérfanos necesitados, enfermos, prisioneros encarcelados por su fe cristiana y maestros que necesitaban ayuda; proporcionó entierros para los pobres y, a veces, fondos para la liberación de esclavos. Estas son causas elogiadas en Occidente hoy, pero fueron las causas del cristianismo mismo en ese entonces.[20]

El primer concilio ecuménico de la iglesia cristiana en Nicea en el año 325 ordenó a los obispos que establecieran un hospicio (un hospital) en cada ciudad que tuviera catedral. En respuesta a esto, una mujer llamada Fabiola, una viuda rica y asociada de San Jerónimo, construyó el primer hospital en el oeste de la ciudad de Roma aproximadamente en el año 390. De acuerdo con Jerome, Fabiola donó toda su riqueza (la cual era considerable) para construir este hospital. Ella misma sirvió en el hospital, sacando a los enfermos de las calles en Roma.[21] En los años 500, casi todos los monasterios tenían un hospital, y su número era muy grande. Los monasterios surgieron en todas partes y se convirtieron en una de las instituciones más comunes en Europa. Estos hospitales cristianos fueron las primeras instituciones benéficas voluntarias del mundo. No hay "evidencia cierta", dice el académico Alvin Schmidt, "de ninguna institución médica apoyada por contribuciones voluntarias... hasta que llegamos a los días cristianos".[22] El cristianismo revolucionó el trato a los pobres, los enfermos y los moribundos.

Los ministerios de compasión continuaron extendiéndose a través de los cristianos de la Edad Media: "Cada iglesia tenía su matrícula, o lista de personas que recibían ayuda, y se gastaban enormes sumas en todo tipo de obras de

---

[19] Schmidt, Alvin J. *How Christianity Changed the World*: Formerly Titled Under the Influence. Zondervan, 2004. (Kindle Locations 2739-2740). Zondervan. Edición Kindle.
[20] Edward Ryan, *History of the Effects of Religion on Mankind*, 152–53.
[21] (Letter to Oceanus 5). Schmidt, Alvin J. *How Christianity Changed the World* (Kindle Location 3324). Zondervan. Edición Kindle
[22] Schmidt, Alvin J. *How Christianity Changed the World*: Formerly Titled Under the Influence. Zondervan, 2004. (Kindle Location 3324). Zondervan. Edición Kindle.

caridad."²³ Órdenes católicas enteras fueron construidas para ayudar a los pobres y a los que sufrían; por ejemplo las franciscanas, o más recientemente las Hermanas de la Caridad de la Madre Teresa. Para el año 1100, "algunas de las órdenes religiosas que surgieron durante las Cruzadas proporcionaron hospitales para niños abandonados y huérfanos. La Orden del Espíritu Santo fue uno de esos grupos. A fines del siglo XIII, esta orden operaba más de 800 casas para huérfanos. Muchos monasterios también cuidaron huérfanos durante la Edad Media."²⁴ A mediados del siglo XVI, existían 37,000 monasterios benedictinos para atender a los enfermos. El historiador Will Durant dijo: "En un aspecto, la Iglesia era una organización de ayuda caritativa en todo el continente."

La Iglesia cristiana ha sido ejemplar a lo largo de la historia por sus ministerios de compasión, y ese espíritu ha continuado en organizaciones benéficas cristianas y hospitales de renombre en todo el mundo. Considere solo algunos ejemplos de los últimos ministerios de compasión:

Para cuando murió en 1898, los orfanatos de George Mueller en Inglaterra albergaban, cuidaban y educaban a más de 8,000, pero es fácil olvidar que todo esto estaba al servicio del menos afortunado.

Florence Nightingale (1820-1910), la fundadora de la enfermería moderna, recibió gran parte de la inspiración para su trabajo de Jesucristo.

Prison Fellowship, fundada por un delincuente convicto llamado Charles Colson, es la mayor fuerza de compasión hacia los prisioneros en la historia del mundo. Cuando era niño, mi iglesia tenía un "servicio en la cárcel" todos los domingos por la tarde cuando los hombres de nuestra iglesia iban a la cárcel local y compartían a Cristo con los prisioneros. Cuando vinieron a Cristo vinieron a la iglesia. Los criminales no son despreciados en el cristianismo, porque todos somos criminales culpables de violar las leyes de Dios.

William Booth, que vivió en el siglo XIX, fundó El Ejército de Salvación para proporcionar a los pobres alimentos baratos. Estableció una bolsa de trabajo para ayudarlos a encontrar trabajo, fundó una oficina de personas desaparecidas, abrió refugios nocturnos, una colonia de granjas, comedores populares, colonias de leprosos, industrias domésticas en India, hospitales, escuelas e incluso un bote salvavidas para los pescadores de Noruega- todo esto marcó etapas sucesivas en el programa masivo de acción social del Ejército. La idea permeable de todo ha sido la preocupación por la salvación personal en Cristo.

---

[23] Christopher Dawson, *Medieval Essays: A Study of Christian Culture* (Garden City, N.Y.: Image Books, 1959), 46.
[24] Schmidt, Alvin J. *How Christianity Changed the World*: Formerly Titled Under the Influence. Zondervan, 2004. (Kindle Locations 2794-2795). Zondervan. Edición Kindle.

Estoy totalmente de acuerdo con Josiah Stamp, el historiador cristiano que declaró: "Cuando los secularistas modernos muestran compasión hoy al ver o escuchar alguna tragedia humana, por ejemplo, hambruna masiva, desastres por terremotos, asesinatos en masa, muestran que sin saberlo han internalizado el concepto del cristianismo de compasión." [25]

El notable poder cultural del cristianismo continúa mostrándose en los ministerios de compasión. Por ejemplo:

"El promedio de vida humana en el año 33 d. C. era de 28 años, mientras que en 1990 fue de 62. Si bien la mayor parte de esa diferencia proviene principalmente de los avances en el campo de la medicina, gran parte también proviene del impulso generalizado a la salud de misioneros médicos en todo el mundo en el último siglo o dos. Incluso hoy día, decenas de miles de misioneros cristianos están proporcionando servicios médicos básicos a millones de personas en países tercermundistas." [26]

Los avances tecnológicos que se originados en Occidente se extendieron por todo el mundo debido a los ministerios de compasión cristiana. El historiador George Grant registra: "Cuando los misioneros dieron la vuelta al mundo [después de Colón] ... establecieron hospitales. Fundaron orfanatos. Comenzaron misiones de rescate. Construyeron hospicios. Abrieron comedores populares. Incorporaron sociedades caritativas. Cambiaron las leyes. Ellos demostraron amor. Vivían como si la gente importara."[27] Por supuesto, esto se debe a que las personas importan.

Estaba cenando con un joven hace algún tiempo que está involucrado en la adopción de un niño de China con necesidades especiales. Le pregunté: "¿Cuánto costará?" Él dijo: "Alrededor de $ 40,000." Para la mayoría de las personas a lo largo de la historia, esta no es una inversión inteligente de tanto dinero, sin mencionar el tiempo, el esfuerzo y el dolor que le costará al hombre criar a este niño con necesidades especiales. Pero este ejemplo es típico de lo que hacen los cristianos.

Estaba leyendo una guía de viajes conocida acerca de India. Decía que, cuando se enferme, "encuentre un hospital cristiano".[28] Aparentemente, incluso

---

[25] Josiah Stamp, *Christianity and Economics* (New York: Macmillan, 1938), 69.
[26] Kennedy, D. James; Newcombe, Jerry. *What if Jesus Had Never Been Born?* (Kindle Location 2650). Thomas Nelson. Edición Kindle.
[27] George Grant. *The Last Crusade: The Untold Story of Christopher Columbus* (Wheaton, Ill.: Crossway Books, 1992), 127.
[28] Found in the India edition of the well-known series of guide books; this came from Lonely Planet, India.

esta guía de viajes secular sabía que el cristianismo es el mejor lugar para acudir cuando necesite ayuda.

En 2001 hablé en una conferencia misionera en Nepal. Conocí a varios misioneros. Uno no era maestro, predicador, plantador de iglesias o misionero médico. Él era agricultor, pero era agricultor con un llamado especial: quería ayudar a los leprosos, tal como lo hizo Jesús. Negoció con el gobierno de Nepal por un terreno en una parte indeseable del país. Se mudó allí con una colonia de leprosos y vivió con ellos durante un año. Durante ese tiempo les enseñó a cultivar- cómo mantenerse y vivir la vida con dignidad.

Una de mis fotos favoritas fue tomada en un hospital rural en mi visita a Nepal. Muestra a un brahmán de alta casta convertido al cristianismo. Está sentado en una silla y en su regazo hay un anciano gravemente desfigurado por la lepra. Normalmente, un hindú de casta superior nunca tocaría a un leproso, y mucho menos lo abrazaría. El brahmán de casta alta no solo tiene sus brazos alrededor del anciano, sino que ambos están sonriendo, a pesar de que el leproso no tiene labios. Esta hindú de casta alta había venido al hospital de la misión y abrazado el Evangelio de Jesucristo. El Evangelio transformó al brahmán de alta casta de la manera en que lo hace con todo el mundo.

Este es Jesucristo en acción. Toma hombres y mujeres que nunca tocarían a un leproso y nos transforma. Al abrazarnos con Su evangelio, Jesús nos enseña a abrazar a los leprosos. Los cristianos lideran el mundo en ministerios de compasión. Amamos a los demás porque Cristo nos amó. El mundo de la compasión es el mundo del amor de Dios, y cómo le agradecemos por su amor por todos nosotros.

Conclusión

El sufrimiento y el dolor están en todas partes. La mayoría de las personas evitan estas cosas tanto como pueden, pero todos experimentan el dolor de vivir en un mundo roto. Algunas personas usan el sufrimiento como una razón para cuestionar la existencia de Dios, pero esto no los acerca a resolver el problema. La respuesta de Dios al dolor y sufrimiento del mundo es su compasión. Al entrar en nuestro dolor, nuestro sufrimiento e incluso nuestra muerte, Jesús se abrió paso a través del dolor de esta vida. Los cristianos a lo largo de la historia han seguido el ejemplo de Cristo, y sus corazones sobrenaturalmente compasivos han cambiado el mundo.

CAPÍTULO 4
Justicia Social

○─────────○

Que fluya la justicia como arroyo.- Amos 5:24

La compasión encarna la misericordia, pero a menudo la realidad exige justicia. La compasión cambia el comportamiento desde adentro, pero la justicia requiere un comportamiento desde afuera. La justicia no espera a que el comportamiento cambie. Por ejemplo, los afroamericanos tienen los mismos derechos en Estados Unidos, a pesar de que todavía existen estadounidenses racistas. La justicia insiste en ciertos comportamientos, ya sea que las personas los elijan naturalmente o no. Estos comportamientos determinados, y las consecuencias por el mal comportamiento, se describen en las leyes. Los sistemas judiciales defienden la ley, y los movimientos de justicia social luchan por las leyes correctas.

Hace unos 100 años, antes del movimiento de derechos civiles, mi abuelo era pastor rural en las montañas de América del Este. Tenía cuatro iglesias diferentes a las que servía, una para cada domingo del mes. Heredé cientos de sus bosquejos de sermones, todos los cuales he leído. Un tema central en su predicación fue la unidad de la raza humana. Las personas de todas las etnias son hijos e hijas de Adán y Eva, por lo tanto, todos somos iguales. Tenemos el mismo valor y estamos igualmente bajo la ley de Dios.

Muchos grandes intelectuales en las principales universidades del mundo en ese momento tenían una opinión diferente. Argumentaron que el hombre había evolucionado de los simios. Esta parte de la teoría evolutiva nos es familiar. Sin embargo, tenían otras creencias que ya no hacemos referencia como parte de la teoría evolutiva. La parte de la teoría era así: algunos hombres habían evolucionado más que otros. Había varias ramas en el árbol de la evolución, y las personas en la rama de Europa occidental habían evolucionado más. La gente en el árbol asiático o en el árbol africano no había avanzado tanto, ni la gente del este o del sur de Europa, ni los judíos. Por lo tanto, los europeos blancos del norte se habían convertido en las personas más grandes, inteligentes y avanzadas de la historia del mundo. Estos intelectuales reconocieron la superioridad de la cultura occidental, pero la atribuyeron a la evolución y no al cristianismo. Este punto de vista se conoce como darwinismo social, que se opone a la justicia social. Si algunas personas han evolucionado más que otras ¿cómo es que la misma ley y los mismos derechos aplican para todos?

Mi abuelo rechazó el darwinismo social. Él predicó contra tal creencia prejuiciosa. Los intelectuales blancos de hace 100 años consideraron a mi abuelo como un predicador ignorante y rural. Los intelectuales blancos de hoy dirían que tenía razón.

La verdadera justicia social no encuentra sus raíces en la teoría evolutiva. La justicia social proviene del cristianismo. Sin una filosofía valor igualitario, no hay base para la igualdad de derechos exigidos por la ley. Como predicó mi abuelo: como todos tenemos los mismos padres y todos somos creados a imagen de Dios, creemos que todos merecen la misma justicia bajo la ley. [29]

Las Bases Bíblicas para la Justicia Social

Dios estableció su ley a través de una serie de seis pactos en las Escrituras. Esta palabra pacto es clave para entender la forma en que los cristianos ven la ley. Un pacto es una promesa solemne y vinculante. El pacto principal que entendemos en la cultura occidental es el pacto del matrimonio. Este es un gran ejemplo porque sabemos que el matrimonio es una institución maravillosa y deseable. También sabemos que el divorcio trae consecuencias desgarradoras. En el judaísmo y el cristianismo, obedecer a Dios por medio de la ley es como el matrimonio: maravilloso y deseable, una respuesta personal altamente motivada a Dios mismo. Como David escribió: "Haz que tu rostro brille sobre tu siervo y enséñame tus decretos." (Salmo 119: 135) Pero, al igual que el divorcio, desobedecer la ley de Dios trae consecuencias desgarradoras que son profundamente personales. Romper la ley es pecar contra Dios mismo. Amar a Dios y obedecer a Dios son uno. Jesús dijo a sus discípulos: "Si me aman, guardarán mis mandamientos." (Juan 14:15)

¿Cómo puede Dios exigir nuestra obediencia? Porque él creó la realidad como debería ser. Su ley describe el comportamiento que desea como coherente con la realidad que creó. La ley no es un conjunto de reglas y castigos que Dios inventó. Las bendiciones y los castigos en las Escrituras son los resultados

---

[29] A good discussion of this and related matters can be found in the allaboutscience.org blog. See, for example, https://www.allaboutscience.org/what-is-social-darwinism-faq.htm

inevitables de actuar de cierta manera. Además, al igual que cualquier buen padre o maestro, Dios compone el resultado natural de nuestras acciones con motivación positiva y negativa. Dios castiga el pecado pero bendice la justicia. Él exige nuestra obediencia por nuestro propio bien, y porque él mismo odia el pecado y ama la justicia.

Dios hace un pacto con Adán y Eva justo después de la caída en Génesis 3:14-19. En estos versículos, Dios enumera las consecuencias del pecado de Adán y Eva. Todos los humanos como han nacido pecadores: son perpetradores de injusticias. Sin embargo, Dios también promete el fin del pecado. Una descendencia de Eva aplastará la cabeza de la serpiente, el diablo. La injusticia terminará.

Dios hace un pacto con Noé después del diluvio en Génesis 8: 20-9: 17. Dios promete alivio de su ira personal y le da al arco iris como una señal. En este pacto, Dios comienza a revelar que él personalmente se ocupará de las consecuencias de la injusticia.

Dios hace un pacto con Abraham, el "padre de la fe", en Génesis 15. Los estudios históricos del antiguo pacto revelan que, por lo general, la parte menor (Abraham) soportaría las consecuencias de un pacto roto, pero en este caso Dios mismo ceremonialmente revela que soportará las consecuencias de un pacto roto. En esta iteración del pacto, Dios revela su comprensión de que la humanidad no puede cumplir su fin del pacto. En otras palabras, la humanidad nunca puede ser la fuente o el estándar de la justicia. Ninguno de nosotros está a la altura del bien que conocemos a través de nuestra conciencia humana, y mucho menos del bien revelado por la ley de Dios.

Dios hace un pacto con Israel a través de Moisés, descrito en detalle a lo largo de Éxodo, Levítico y Deuteronomio. Este pacto generalmente se conoce en la Biblia como "la ley", porque describe en detalle comportamientos específicos. La ley no solo ayudó a los israelitas a vivir vidas justas y a proporcionar expiación por sus pecados, sino que también pinta una imagen vívida a través de un profundo simbolismo e imágenes que solo salen a la luz en el Nuevo Testamento. Los israelitas vivían más bien de lo que sabían cuando obedecían la ley. Pero la ley era abrumadora, onerosa y, en última instancia, imposible de seguir como seres humanos injustos y quebrantados.

Dios hace un pacto con David en II Samuel 7:4-17. Esta vez, Dios reitera la naturaleza profundamente personal del pacto: cómo el mundo entero será bendecido por la familia de Abraham, ahora más específicamente a través de la familia de su descendiente David. El pacto también revela la realeza del Mesías prometido, la "descendencia" prometida a Eva al comienzo de la historia humana. El rey mesías algún día gobernaría en justicia sobre el mundo.

Después de la muerte de David, Israel pasa generaciones rompiendo la nación de Dios, su ley y su corazón. Durante este período de la historia, Dios envía profetas para exigir justicia, la justicia olvidada en la desobediencia a la ley de Dios:

"Aprende a hacer lo correcto; busca justicia. Defiende a los oprimidos. Toma la causa de los huérfanos; defiende el caso de la viuda" (Isaías 1:17)

"Él te ha mostrado, oh mortal, lo que es bueno. ¿Y qué requiere el Señor de ti? Actuar con justicia y amar la misericordia y caminar humildemente con tu Dios" (Miqueas 6:8).

"Pero que fluya el derecho como las aguas, y la justicia como arroyo inagotable" (Amós 5:24). (Al defensor estadounidense de derechos civiles Martin Luther King le gustaba citar este pasaje).

Los profetas, en medio de sus advertencias, continúan esperando el próximo mesías y la esperanza de la justicia futura:

"Mira, un rey reinará en justicia
y los gobernantes gobernarán con justicia.
Cada uno será como un refugio del viento
y un refugio de la tormenta,
como corrientes de agua en el desierto
y la sombra de una gran roca en una tierra sedienta" (Isaías 32:1, 2).

Pero el pueblo de Israel ignora a los profetas. En consecuencia, son llevados al cautiverio. Algunos creen irremediablemente que el pacto se rompe sin remedio, pero otros aún buscan al mesías prometido.

Jesucristo el mesías trae el Nuevo Pacto a la tierra en su propia encarnación, como se registra en los relatos del evangelio de Mateo, Marcos, Lucas y Juan. Cada promesa de cada iteración de los pactos se cumple en su vida, muerte y resurrección. Él es la descendencia de Eva, de Abraham y de David. Asumió la ira de Dios y todas las consecuencias del pacto roto. Él cumplió completamente la ley de Moisés. Él reinará para siempre como Rey del cielo. La muerte de Jesús pagó nuestras vidas de injusticia e hizo un camino para que seamos justificados ante Dios.

Ahora cada persona en la tierra tiene una opción personal y legal: ser justificado ante Dios o defenderse por su propio mérito. Nuestra relación fundamental con Dios es legal; "Es Dios quien justifica..." (Rom. 8:33). La gente entiende de manera innata esto, por lo que en todas las religiones hay algún intento de "estar bien con Dios" u obtener el poder superior de tu lado, o conseguir que los dioses hagan lo que necesitas que hagan. La fe cristiana se ocupa de esta noción a través de la muerte expiatoria de Cristo. Su muerte en la cruz satisface la demanda de justicia divina.

Jesús dijo: "Porque tanto amó Dios al mundo, que dio a su Hijo unigénito, para que todo el que cree en Él sea salvo" (Juan 3:16). No hay una declaración más inclusiva en ninguna religión. Debo estar de acuerdo con Charles Colson en que el mejor libertador civil que jamás vivió fue Jesucristo.[30] Desde su vida, muerte y resurrección, los cristianos han traído un gran movimiento de justicia en todo el mundo. Nuestro pecado está pagado. Somos justificados ante Dios. Amamos la ley y no la tememos. Buscamos justicia para los demás y para su propia justificación ante Dios.

La ley de Dios revela que la justicia proviene de Dios, que Dios exige justicia, y que finalmente terminará con la injusticia en la tierra.

Cómo la Justicia Social Impacta la Cultura

La justicia social está indisolublemente ligada a la santidad de la vida, como se examinó en el capítulo 1. La razón de esto es que la igualdad de derechos comienza con la igualdad de valor. Sin la base filosófica de valor igualitario, los derechos igualitarios no tienen una base política. La igualdad de derechos también comienza con un legislador trascendente. Si las leyes se originan de los humanos, entonces esos mismos humanos pueden cambiar las leyes para justificarse a sí mismos. Bajo la ley de Dios, nadie puede justificarse. Solo podemos ser justificados por la salvación. Esto también significa que la ley es una verdad trascendente para que los humanos descubran, no una política para que los humanos creen. Las leyes están destinadas a corresponder con la realidad creada por Dios, no con nuestras propias agendas personales o políticas. Las leyes deberían cambiar cuando no corresponden con la realidad, como la realidad de las mujeres y las minorías que merecen los mismos derechos que los hombres blancos.

Injusticia Social en Culturas No Cristianas

El tipo de justicia, libertad y derechos que asumimos rara vez han existido en otro lugar. He estudiado la historia de muchas culturas y, a menos que hayan sido influenciadas por la Biblia, no tienen una tradición de derechos humanos comparable a la que tenemos en el mundo moderno.

---

[30] Citado en Kennedy, D. James; Newcombe, Jerry. *What if Jesus Had Never Been Born?* (Kindle Location 1423). Thomas Nelson. Edición Kindle.

En los otros capítulos de este libro se enumeran amplias pruebas de injusticia, pero aquí hay algunos ejemplos adicionales:

En los mundos griego y romano, el individuo tenía poco valor, ningún derecho y recibía poca justicia. Era una pequeña parte del estado gigante. Otras sociedades del mundo antiguo nunca practicaron la justicia social como usamos la palabra hoy. Tampoco otorgaron la libertad individual, la libertad individual, la justicia ante la ley, el derecho a un juicio justo o el derecho a "la vida, la libertad y la búsqueda de la felicidad". [31]

Los antiguos gobernantes sometieron a su pueblo a un gobierno arbitrario y no se aplicaron sus propias leyes. Como no reconocieron a Dios como la fuente de la ley, condenaron injustamente a quienes los rodeaban.

Vemos lo mismo en los estados totalitarios modernos que se han alejado de la Biblia y de la influencia de la cultura cristiana.

Malcolm Muggeridge, el gran periodista británico, fue una vez no cristiano, pero luego un fuerte defensor del cristianismo. Él dijo: "No debemos olvidar que nuestros derechos humanos se derivan de la fe cristiana. En términos cristianos, cada ser humano, sea quien sea, enfermo o sano, astuto o ingenuo, hermoso o feo, todo ser humano es amado por su Creador, quien, como nos dicen los Evangelios, contó los cabellos de su cabeza."

La Justicia Social en la Cultura Cristiana

¿Dónde disfrutan las personas de la mayor libertad política y religiosa? ¿Qué naciones tienen los mejores registros de derechos humanos? La respuesta, por supuesto, es países influenciados por la Biblia.

¿Qué países tienen la menor cantidad de corrupción gubernamental? Pido a mis alumnos que se conecten en línea y busquen el índice de corrupción de país de la organización Transparencia Internacional. Transparencia mide la calidad del gobierno de todos los países del mundo y los clasifica de menos corruptos a más. Los veinticinco principales son casi exclusivamente países históricamente cristianos, fundados en la enseñanza bíblica. Transparencia no es una organización cristiana, ni está tratando de influir en el lector en esa dirección. Esto es simplemente la verdad de sus hallazgos.

Parte de la justicia social es el estado de derecho. Muchos historiadores y analistas culturales piensan que esta es la mayor contribución que la cultura occidental ha hecho al mundo: El "estado de derecho" declara que todos los

---

[31] Famosa frase de Thomas Jefferson en la Declaración de Independencia.

seres humanos están sujetos a la ley; o, la ley se asienta por encima del capricho humano. Los gobiernos deben proteger los derechos individuales mediante la aplicación de la ley. Los gobiernos y sus líderes están bajo la ley tanto como los ciudadanos privados. ¿Los gobernantes se someten a las reglas? Esto solo tiene sentido si las leyes provienen de una fuente superior a la de los legisladores: ¡Dios mismo! Algunos gobiernos creen que hacen las leyes. Los gobiernos cristianos simplemente desarrollan las leyes como evidentes en la creación de Dios.

La iglesia cristiana ha sido la institución más comprometida con los derechos humanos en la historia. Cuando el cristianismo comenzó a extenderse, un catalizador importante para el crecimiento fue el compromiso cristiano con la justicia social. El gran historiador cultural, Christopher Dawson, hizo esta observación sobre la Edad Media: "Ningún hombre era demasiado pobre o miserable para ser incluido en esta comunidad, incluso los mendigos y los leprosos poseían su propia dignidad espiritual que fue solemnemente reconocida por los poderes del mundo cuando el rey lavó los pies de los pobres el jueves santo, y los alimentó en su propia mesa."[32] El rey lavó los pies del miembro más pobre de su sociedad, tal como lo hizo Jesucristo.

Ese compromiso se ha llevado al mundo moderno. Cuando se redactó la carta de las Naciones Unidas en 1946, incluía esta declaración en su preámbulo: "El reconocimiento de la dignidad inherente y de los derechos iguales e inalienables de todos los miembros de la familia humana es la base de la libertad, la justicia y la paz en el mundo..." Esta declaración audaz viene directamente de las enseñanzas de la Biblia sobre justicia social y derechos humanos. Sin Dios como el que justifica, ¿cómo podría la dignidad humana ser "inherente" o los derechos humanos "inalienables"?

El mayor poder de la cultura cristiana es la capacidad de cambiar a las personas una por una. La justicia social en el corazón individual produce justicia social en el corazón de una nación y una civilización.

Conclusión

Como dice Christopher Dawson, "El único remedio [para la injusticia] se encuentra en esa fuerza espiritual por la cual la humildad de Dios conquista el orgullo del maligno".[33] La justicia social, específicamente los derechos humanos, proviene únicamente de la cultura cristiana. ¿Por qué? Porque no solo creemos

---

[32] Dawson, Christopher. *Formation of Christendom* (p. 235). Ignatius Press. Edición Kindle.
[33] Dawson, Christopher. *Religion and the Rise of Western Culture* (Kindle Location 1900). The Doubleday Religious Publishing Group. Edición Kindle.

en la igualdad de derechos y en un legislador trascendente, también tenemos una motivación personal para buscar justicia porque estamos personalmente justificados ante Dios. Sin la esperanza de la salvación, la ley se vuelve pesada y una tentación. Pero gracias a Jesús, podemos soportar la injusticia, admitir nuestra propia injusticia y, en cambio, participar en el gran movimiento de justicia social que está cambiando el mundo.

CAPÍTULO 5
Libre Albedrío

Elijan ustedes mismos a quiénes van a servir.- Josué 24:15
"Yo soy el dueño de mi destino,
Yo soy el capitán de mi alma."
-William Ernest Henley[34]

A lo largo de toda la historia, las personas se han hecho esta pregunta: ¿realmente importan mis elecciones? ¿Soy realmente libre de tomar mis propias decisiones, o estoy predeterminado por el destino? ¿De qué soy responsable y qué está más allá de mi control? Todas estas son preguntas de libre albedrío.

Cuando era niño había una canción popular en la radio basada en el lema "Que Será Será". La canción dice así:

"Cuando era solo una niña,
le pregunté a mi madre, ¿qué seré?
¿Seré bonita? ¿Seré rica?
Esto es lo que ella me dijo:
Que será, será, lo que sea que sea será,
El futuro no es nuestro para ver,
Que será, será. "

Esta linda canción sobre una niña y su madre tiene una implicación más oscura. La enseñanza implícita es el fatalismo: nuestras elecciones no importan. En lugar de una voluntad personal, el "destino" decide su futuro. Los filósofos plantean el fatalismo como lo opuesto al libre albedrío. Como nuestras elecciones no importan, podemos vivir como queramos. Sin embargo, no tenemos verdadera libertad porque nuestro destino está predeterminado. En el fatalismo, nuestras elecciones no importan.

---

[34] William Earnest Henley, "*Invictus*," obtenido en Julio 19, 2019, https://www.poetryfoundation.org/poems/51642/invictus

El cristianismo existe dentro de la tensión del libre albedrío humano y la soberanía divina. A diferencia de los fatalistas, creemos que nuestras elecciones son importantes. La enseñanza cristiana es que el libre albedrío del individuo existe dentro de la soberanía de Dios. Nuestras elecciones importan, pero el poder de Dios no se ve frustrado por nuestras elecciones. Dios cumplirá sus propósitos en el mundo pase lo que pase, pero nuestras elecciones impactan cómo se logran sus propósitos. En otras palabras, nuestras elecciones son importantes y producen una variedad de resultados en nuestras vidas y en las vidas de los demás, pero Dios es en última instancia responsable del significado y el destino del universo. Los miembros de la cultura cristiana y occidental creen en el libre albedrío. Somos libres de tomar decisiones, y nuestras elecciones cambian el curso de la historia y de la cultura.

Las Bases Bíblicas para el Libre Albedrío

La Biblia enseña que el hombre está hecho a imagen de Dios como un ser espiritual y, por lo tanto, posee libre albedrío. "Ahora el Señor es el Espíritu, y donde está el Espíritu del Señor, allí hay libertad" (II Corintios 3:17). Dios es el Señor sobre todo en el universo, pero ha creado seres humanos con la libertad de tomar decisiones. A lo largo de la escritura vemos dos hilos. Primero, vemos al pueblo libre de Dios tomando decisiones para seguir o no a Dios y sufrir las consecuencias. Segundo, vemos la determinación de Dios de liberar a su pueblo y reiterar su libertad de elegirlo.

Desde el principio, Dios le dio al hombre la libertad de elegir. Después de que Dios creó al hombre, le dio a Adán una opción: "Y el Señor Dios le ordenó al hombre: 'Eres libre de comer de cualquier árbol en el jardín; pero no debes comer del árbol del conocimiento del bien y del mal, porque cuando comas de él ciertamente morirás' "(Génesis 2:16, 17). Dios tiene claras las consecuencias, pero deja la elección a Adán.

En cada reformulación del pacto, Dios aclaró el castigo por el pecado, así como la bendición de la obediencia (ver el capítulo sobre justicia social). El libro de Levítico describe largas listas de resultados para el pueblo de Dios si eligen obedecer a Dios en forma corporativa.[35]

A lo largo del Antiguo Testamento, el pueblo de Dios renueva cíclicamente su obediencia a Dios, luego cae en la desobediencia y sufre las consecuencias. La esclavitud, el vagar por el desierto y el exilio son el resultado directo de la desobediencia de Israel. Sus elecciones causaron estos resultados en la historia.

---

[35] Ver especialmente Levítico 26

Sin embargo, Dios nunca olvida su promesa a su pueblo. Su soberanía, en lugar de suprimir nuestra libertad, nos entrega a un lugar de libertad mayor de lo que elegimos para nosotros mismos. El profeta Isaías, testigo de la derrota y el exilio del pueblo de Dios, desea con esperanza la salvación prometida:

"Porque esto es lo que dice el Señor *Soberano*: 'Al principio mi pueblo bajó a Egipto a vivir; últimamente, Asiria los ha oprimido. ¿Y ahora qué tengo aquí?"... Cuando el Señor regrese a Sión, lo verán con sus propios ojos. Estallen en canciones de alegría juntos, ruinas de Jerusalén, porque el Señor ha consolado a su pueblo, él ha redimido a Jerusalén. El Señor pondrá al descubierto su brazo sagrado a la vista de todas las naciones, y todos los confines de la tierra verán la salvación de nuestro Dios "(Isaías 52: 4, 5, 8-10, énfasis agregado)

En medio del fracaso de su pueblo, Dios les asegura a sus hijos desobedientes que él es su padre, y él se encargará de ellos. Incluso mientras administra las consecuencias, Dios le recuerda a su pueblo las promesas que ha hecho, y que está decidido a cumplir. Él saldrá victorioso, no importa cuántas veces se rechace su ley.

Cuando Jesús vino a la tierra, aclaró la función central del libre albedrío del hombre. La elección más importante que hace la gente no es entre lo correcto y lo incorrecto, sino entre el Dios verdadero y los dioses falsos. Los pueblos del Antiguo Testamento recurrieron a dioses falsos de oro, madera y piedra. Los fariseos de los días de Jesús se habían vuelto hacia el dios de la justicia propia, mientras que otros se habían vuelto hacia dioses de placer, poder o riqueza. Nadie excepto Jesús mismo obedeció completamente la ley. Incluso en las mejores épocas de la historia de Israel, ni una sola persona logró cumplir toda la ley. Abraham mintió, Moisés se enorgulleció y David asesinó, pero cada uno de estos hombres hizo del Dios verdadero el Dios de sus vidas.

La Biblia enseña que nuestras elecciones más importantes se toman en lo profundo de nuestros propios corazones. En Lucas 6:45 Jesús dice: "La persona buena del buen tesoro de su corazón produce el bien, y la persona mala de su maldad produce el mal, porque de la abundancia del corazón habla su boca". La voluntad se muestra en acción, pero no hasta que esa voluntad se forme internamente. Esta creencia hace que la fe cristiana opere de manera muy diferente a otros sistemas de pensamiento.

El autor D. James Kennedy escribió sobre el compromiso de Dios con el libre albedrío del hombre dentro de su plan soberano: "El Antiguo Testamento cuenta la historia de la caída del hombre en la esclavitud; La liberación de Dios de su pueblo; su esclavitud en Egipto; entonces Dios los sacó después de 430 años de esclavitud. Nuevamente, cayeron en la idolatría en su propia tierra y fueron llevados por los babilonios a 70 años de cautiverio, solo para ser entregados nuevamente. Todo esto no es más que un presagio de la gran liberación y del gran emancipador, Jesucristo, que vino a liberarnos de la esclavitud a la libertad."[36] Jesús está decidido a que su pueblo sea libre. Ama la libertad e insiste en la libre elección de sus seguidores.

El cristianismo enseña la libertad de los gobiernos opresivos y estructuras sociales, pero enfatiza aún más la necesidad de ser libres de nuestro mayor opresor: nuestro propio pecado.

Pablo escribe a los gálatas: "Por la libertad, Cristo nos ha liberado; por lo tanto manténganse firmes, y no se sometan a un yugo de esclavitud nuevamente" (Gálatas 5: 1). ¿De qué esclavitud habla Pablo? La esclavitud del pecado. Nuestros patrones pecaminosos funcionan como una adicción, robándonos nuestro libre albedrío y haciéndonos esclavos del comportamiento destructivo. Nuestra libertad está destinada a hacer el bien, no a dañar. Como Pablo continúa diciendo: "Porque ustedes fueron llamados a la libertad, hermanos. Solo no utilicen su libertad como una para dar rienda suelta a su carne, sino que a través del amor servíos los unos a los otros" (Gálatas 5:13). El libre albedrío es para buenas obras, no como una excusa para pecar.

La libertad sigue siendo solo parcial en la tierra. No solo estamos sujetos a la opresión humana, sino que también somos propensos al pecado. La emancipación definitiva del pueblo de Dios todavía está por llegar, "la creación misma será liberada de su esclavitud a la corrupción y obtendrá la libertad de la gloria de los hijos de Dios" (Romanos 8:21).

Cómo Impacta el Libre Albedrío a la Cultura

Las culturas se basan principalmente en la libertad o el fatalismo. En otras palabras, la mayoría de la gente piensa que sus elecciones son importantes o que no lo son. Estas creencias sobre la voluntad humana forman una cultura.

El Libre Albedrío en Culturas no Cristianas

La mayoría de las personas en el mundo antiguo eran fatalistas. Los antiguos mitos griegos, romanos y nórdicos enseñan que el destino está determinado por entidades específicas, y que este destino es ineludible.

---

[36] Kennedy, D. James; Newcombe, Jerry. *What if Jesus Had Never Been Born?* (Kindle Location 1399). Thomas Nelson. Edición Kindle.

El pensamiento oriental antiguo es cíclico, incluidas sus representaciones del destino. La reencarnación, los ciclos infinitos y la mentalidad del "círculo de la vida" pueden tener un gran beneficio cuando se aplican a nuestra vida en la tierra. Las estaciones, las vacaciones, las mareas, las nuevas generaciones, los patrones del sol, la luna y las estrellas- todo apunta a un orden cíclico en la naturaleza (vea el capítulo sobre ciencia y tecnología). Sin embargo, cuando se aplica a nuestro destino final, esta mentalidad de "círculo de la vida" resulta en un sistema de creencias de repetición interminable, sin sentido y sin escapatoria. La astrología es uno de esos sistemas de creencias. Hace unos 1600 años, San Agustín razonó que la astrología es pecaminosa porque creer que el destino de uno está predestinado en las estrellas se opone al don del libre albedrío de Dios.

Cuando las culturas niegan el libre albedrío, un resultado es la opresión política. Las personas sienten que no tienen libertad y confían en las autoridades para que les digan qué hacer. La democracia no puede existir. Un historiador observó: "En el mundo moderno, las economías de mando niegan el libre albedrío e insisten en controlar la vida de los demás; los gobiernos frecuentemente hacen esto. Es esclavitud con otro nombre- controlar la vida de otro individuo. Al ser central en [el pensamiento bíblico], la doctrina del libre albedrío puso en tela de juicio la legitimidad de las estructuras y costumbres sociales que limitaban la capacidad del individuo para elegir libremente- especialmente la esclavitud y la tiranía." [37]

Viajaba con un misionero en Nepal cuando me informó de la alta tasa de mortalidad de peatones en ese país. Dijo que los aldeanos creían que solo tenían el control de sus vidas en un radio de 5 pies. Fuera de eso, todo era karma y más allá de su control. Como resultado, se pasearían por el tráfico, pensando que sus decisiones no hacían ninguna diferencia.

En la cultura occidental, muchas personas son ateos materialistas. El materialismo enseña que la elección es una simple cuestión de función cerebral. Ciertos niveles de químicos cerebrales, apetitos físicos y respuestas neuronales determinan la elección. Esta es una forma de fatalismo. Ciertamente, todos estos estímulos físicos afectan profundamente a las personas, pero el cristianismo enseña que el libre albedrío es más importante que nuestras limitaciones físicas. Las personas con químicos cerebrales desequilibrados pueden optar por tomar medicamentos. Una persona en ayunas puede optar por no comer durante un tiempo limitado. Los atletas entrenan sus cuerpos y por elección soportan mucho dolor y esfuerzo. El fatalismo, incluso esta forma moderna de fatalismo

---

[37] Stark, Rodney. *How the West Won: the Neglected Story of the Triumph of Modernity*. ISI Books, 2015. (Loc. Edición Kindle, 2299)

"científico", produce la sensación de impotencia. Las personas son aplastadas por su suerte en la vida y no buscan mejorarla.

Sin la visión equilibrada de la libertad del hombre dentro de la soberanía de Dios, el peso del destino aplasta a las personas y las culturas no prosperan.

El Libre Albedrío en las Culturas Cristianas

Como los cristianos creen en el libre albedrío, toman decisiones con responsabilidad. Debido a que los cristianos creen en la soberanía de Dios, saben que sus vidas tienen un propósito y un significado más allá de su propia imaginación. Sin la carga de la necesidad de demostrar su propio valor, los cristianos pueden buscar buenas obras que se ajusten a sus propias inclinaciones y dones. Estos actos voluntarios de voluntad han transformado su mundo y el mundo entero. Veamos cuatro áreas principales: religiosa, política, económica y en una de las ideas más poderosas de la historia humana: la idea del Progreso.

Área Religiosa:

En Juan 4, Jesús habla con una mujer samaritana pecadora que ha salido a tomar agua de un pozo. Jesús le dice, "Dame de beber." Ella estaba conmocionada. Los judíos odian a los samaritanos. Entonces Jesús la sorprende más: "Tengo agua que si la bebes nunca volverás a tener sed." Justo en ese momento, Jesús le dio una opción. Ella podría elegir llevarlo a su vida o podría rechazarlo. Ella tenía libre albedrío.

De nuevo, los humanos son creados a imagen de Dios. Una forma en que las personas son como Dios es que pueden desear cosas. La Biblia incluso deja el destino eterno en manos del individuo.[38]

La fe cristiana opera sobre el libre albedrío de cada individuo. "El Dios judeocristiano es un juez que premia la virtud y castiga el pecado. Esta concepción de Dios es incompatible con el fatalismo. ... "[39]

Un ejemplo de cómo funciona el libre albedrío en una cultura son las organizaciones voluntarias, atendidas por personas que han elegido la causa de la organización. Se han unido porque lo eligieron, no porque el gobierno los obligó a hacerlo. Las organizaciones voluntarias juegan un papel gigantesco en la cultura cristiana. Las iglesias locales son el principal ejemplo en todas las edades de la historia. En la Edad Media, surgieron casas monásticas; fueron las

---

38 Josué 24:15: "Elijan ustedes mismos a quienes van a servir."
39 Stark, Rodney. *How the West Won: The Neglected Story of the Triumph of Modernity.* Wilmington, DE: ISI Books, 2015. Loc. Kindle Ed., Loc. 2280

instituciones más poderosas del mundo durante mil años y estaban formadas por voluntarios. Las misiones independientes han sido las organizaciones voluntarias más importantes en la era moderna y han sido los principales agentes para la difusión del cristianismo. "La creencia en el libre albedrío condujo directamente a valorar el derecho del individuo a elegir libremente, con el resultado de que la Europa medieval rechazó la esclavitud- la única cultura que lo ha hecho sin compulsión externa." [40]

Área Económica:

Cuando hablo con el estadounidense promedio, no tienen idea de cuán poderosamente afecta la doctrina bíblica del libre albedrío al crecimiento económico. "Si hay un solo factor responsable del ascenso de Occidente, es la libertad. Libertad de esperanza. Libertad de actuar. Libertad para invertir. Libertad para disfrutar de los frutos de los sueños y del trabajo de uno." [41]

Sin libertad, la creatividad no puede existir. Como parte de nuestro libre albedrío, Dios nos dio libertad creativa para explorar y mejorar nuestro mundo. El crecimiento económico de nuestra era es estimulada por la innovación – el poder creativo de la mente humana. Dios nos ha dado la capacidad de usar nuestro libre albedrío para crear nuevas ideas- nuevas ideas sobre cómo hacer las cosas mejor.

En los últimos 300 años, el mundo ha experimentado la mayor revolución económica de todos los tiempos. Una persona que vive en Estados Unidos hoy es 100 veces más rica que sus antepasados que vivieron hace 300 años. Si gana $ 10,000 en un año, su tatarabuelo ganó $100.

Hay casi 6 mil millones de teléfonos inteligentes en el mundo, pero hace solo 20 años el único teléfono inteligente en el mundo existía en la mente de algunos ingenieros de IBM. El teléfono inteligente no tenía existencia material, pero los ingenieros comenzaron a tomar su idea y convertirla en una realidad material. Empresas como Apple tomaron la idea y la convirtieron en uno de los artículos más populares del planeta. Los seres humanos, con un espíritu y la capacidad de crear dada por el Dios todopoderoso, tomaron una idea y la convirtieron en una realidad maravillosa. Cada bendición material hecha por el hombre que experimentamos llega a existir exactamente de la misma manera. La libertad para crear resultados en innovación, resulta en la mejor riqueza y

---

[40] Stark, Rodney. *How the West Won: The Neglected Story of the Triumph of Modernity.* Wilmington, DE: ISI Books, 2015.   Kindle Ed., Loc. 2272
[41] Stark, Rodney. *How the West Won: The Neglected Story of the Triumph of Modernity.* Wilmington, DE: ISI Books, 2015.   Kindle Ed., Loc. 2657

bienestar que experimentamos hoy.

Área Política:

El libre albedrío hace posible la democracia porque la doctrina cristiana del libre albedrío enseña responsabilidad a la comunidad en general. Esta idea es la libertad de conciencia: debemos elegir el camino correcto sin importar lo que alguna autoridad gubernamental nos pueda decir. Spiderman (el Hombre araña) sabía: "Con un gran poder viene una gran responsabilidad." Pero Spiderman probablemente no sabía que la idea vino de Jesús quien dijo: "A quien mucho se le da mucho se le exigirá" (Lucas 12:48). Los ciudadanos libres sienten su responsabilidad hacia la comunidad en general. Esta responsabilidad proviene de la enseñanza de la Biblia sobre el libre albedrío.

El ejemplo más dramático de esto proviene del cristianismo primitivo. La fe cristiana se convirtió en la única religión en la historia que cobró importancia ante la hostilidad de la cultura dominante- en este caso la cultura y el poder de Roma. Los primeros creyentes usaron su libre albedrío para desafiar el imperio más grande que el mundo había visto.

La Idea del Progreso

Hablamos anteriormente sobre la sensación de impotencia que encadenó los corazones y las vidas de los pueblos antiguos. Creían que la vida es un ciclo del que nunca se puede escapar. Pero la Biblia cambió todo eso. En el Antiguo Testamento, las personas tenían la historia del Jardín del Edén, pero no vivían sus vidas mirando hacia el pasado como otros pueblos antiguos. Dios continuamente renovó su pacto con ellos, para que pudieran en su lugar mirar hacia el futuro en la venida del Mesías. Esto transformó su perspectiva por completo.

La Ciudad de Dios (The City of God), escrita en el año 430 d.C. por Agustine, tomó la doctrina bíblica del libre albedrío y la convirtió en la idea del Progreso. Agustine sabía que la gente de su época trabajaba con el conocimiento de que eran profundamente pecaminosos, y como resultado no tenían esperanza. En La Ciudad de Dios, habló de cómo las personas pueden renovar su energía espiritual todos los días y avanzar hacia un futuro glorioso. Agustine fue el historiador más influyente durante mil años, y entrenó a la mente occidental para creer en el Progreso.

La idea de Progreso ha afectado todas las áreas del esfuerzo humano. En ciencia y tecnología, la gente ahora cree que podemos hacer que el mundo sea más rico y mejor. Creemos en mejoras políticas para todas las personas. En economía esperamos un crecimiento como si fuera el estado natural de las cosas. Todo esto se debe a la enseñanza bíblica de que podemos cambiar nuestro futuro por nuestras propias decisiones. En otras palabras, podemos progresar.

Esta idea afecta a todo y a todos en la vida humana. "Las invenciones no suceden porque sí. Alguien tiene que provocarlas, y la probabilidad de que alguien intente hacerlo está influenciada por la medida en que creen que los inventos son posibles, es decir, la medida en que la cultura acepta la idea de progreso."[42]

Conclusión

El libre albedrío motiva a los humanos a soñar y crear. La enseñanza de la Biblia de que los hombres y las mujeres son seres morales libres es una de las más influyentes y poderosas de todos los tiempos. Ideas modernas como la democracia y la responsabilidad civil dependen de ello. Es otra idea que ha cambiado el mundo y emerge exclusivamente de la doctrina bíblica.

---

[42] Stark, Rodney. *How the West Won: The Neglected Story of the Triumph of Modernity.* Wilmington, DE: ISI Books, 2015. P.64

CAPÍTULO 6
Ética Sexual

...Por eso dejará el hombre a su padre y a su madre, y se unirá a su esposa, y los dos llegarán a ser un solo cuerpo'? Así que ya no son dos, sino uno solo. Por lo tanto, lo que Dios ha unido, que no lo separe el hombre. Mateo 19:5,6

Como seres libres, algunas de nuestras elecciones más importantes son las morales. Las expectativas morales de Dios se enumeran brevemente en los diez mandamientos (Éxodo 20) y se expanden a lo largo del Antiguo Testamento. Sin embargo, de todas las expectativas morales de Dios, ninguna ha sido más crucial para la formación de la cultura que la ética sexual cristiana que se encuentra en la Biblia.

¿Cuál es la ética sexual bíblica? La enseñanza de la Biblia de principio a fin es que Dios creó el sexo para el matrimonio heterosexual monógamo. La expectativa bíblica para hombres y mujeres es la fidelidad completa antes y durante el matrimonio.

Mi hija se encontró con un joven estadounidense que afirmaba que la Biblia no enseña que la actividad sexual fuera del matrimonio está mal. Argumentó que es aceptable que un cristiano se involucre en relaciones sexuales siempre y cuando ninguno de los dos estuviera casado. Mi consejo para mi hija fue el siguiente: el joven no tiene interés en el cristianismo. Le interesa vivir como un incrédulo. Y si va a vivir como un incrédulo, de hecho, puede ser un incrédulo. Esto puede sonar duro, pero la enseñanza en las Escrituras no podría ser más clara. El cristianismo considera la pureza sexual como evidencia de la presencia y el poder de Dios en la vida de una persona, y la impureza sexual (incluido el sexo prematrimonial, las relaciones homosexuales y los romances extramaritales) como evidencia de que la presencia y el poder de Dios han sido rechazados.

Las Bases Bíblicas para la Ética Sexual

Los cristianos creemos en la moral sexual por la misma razón que nosotros creemos en la santidad de la vida: la revelación de Dios mismo. Como con toda creencia cristiana, el carácter de Dios es el punto de partida para la moral sexual. La biblia declara que Dios es un ser no sexual.

"Entonces Dios creó al hombre a su propia imagen, a imagen de Dios lo creó; varón y hembra los creó" (Génesis 1:27). Ambos géneros muestran la imagen de Dios, pero Dios mismo no es hombre ni mujer. Él no tiene género. Dios creó el mundo por su voluntad, por su palabra, no a través de ningún comportamiento sexual. "Esta fue una ruptura radical con todas las demás religiones, y esto mismo cambió la historia humana. Los dioses de prácticamente todas las civilizaciones se involucraron en relaciones sexuales". En las culturas antiguas, las personas sexualmente inmorales simplemente imitaban las promiscuas relaciones sexuales de sus dioses. Nuestro Dios no es un ser sexual, pero es él quien diseñó la sexualidad humana y se la dio a la humanidad como un regalo. Como diseñador, él sabe mejor cómo debe funcionar la sexualidad.

Éxodo 20 define claramente esta ética sexual específica en el séptimo mandamiento, "No cometerás adulterio" (Éxodo 20:14). Algunos argumentan que esto solo se aplica a las personas casadas. En realidad no. Se aplica a todos. Si usted es una persona joven, Dios espera que sea fiel a su cónyuge antes de conocer a esa persona. En el Nuevo Testamento, la palabra griega para "inmoralidad" es "porneia". Sí, obtenemos nuestra palabra pornografía de ella. En esta era de la tecnología, debemos incluir que incluso la inmoralidad virtual es inaceptable para Dios. La infidelidad en línea sigue siendo infidelidad.

Jesús defiende esta misma ética en Mateo 19, un pasaje importante sobre el matrimonio y la moral. Jesús, citando el Antiguo Testamento, dice: "Por esta razón, un hombre dejará a su padre y a su madre y se unirá a su esposa, y los dos se convertirán en una sola carne. Entonces, ya no son dos, sino una sola carne. Por lo tanto, lo que Dios ha unido, no separe el hombre" (Mateo 19: 5,6). Nuestro Señor argumenta que las relaciones sexuales son tan espiritualmente importantes y poderosas que hacen que el esposo y la esposa sean "una sola carne". Este pasaje también supone que el matrimonio es un regalo para todas las personas, no solo para el pueblo de Dios. El matrimonio crea una relación especial entre un hombre y una mujer, sin importar su fe. La ética sexual beneficia a toda la sociedad.

De hecho, Jesús va aún más lejos en sus expectativas de pureza sexual. En Mateo 5:28 declara que incluso desear a alguien, por lo tanto, cometer adulterio en su corazón, es un pecado. Nuestro Dios toma nuestra moral sexual muy en serio, específicamente en el santuario profundo y privado de nuestras mentes e imaginación, en nuestra naturaleza espiritual.

Si la Biblia es tan clara, ¿por qué la sexualidad ha ido tan mal en nuestro mundo? En Romanos 1, la Biblia dice que nuestro descenso a la inmoralidad comienza con una relación incorrecta con Dios. El pecado sexual es un reemplazo para la verdadera adoración a Dios. Cuando los hombres no pueden agradecerle a Dios o adorarlo (v.21), entonces se trasladan al pecado, incluyendo el pecado sexual. "Por tanto, Dios los entregó a pasiones vergonzosas. En efecto, las mujeres cambiaron las relaciones naturales por las que van contra la naturaleza. Así mismo los hombres dejaron las relaciones naturales con la mujer y se encendieron en pasiones lujuriosas los unos con los otros. Hombres con hombres cometieron actos indecentes, y en sí mismos recibieron el castigo que merecía su perversión." (Romanos 1:26,27). El pecado sexual refleja un abandono de nuestro Dios.

Lamentablemente, las consecuencias de este abandono son nefastas. I Corintios 6:9, 10 dice: "¿No sabéis que los injustos no heredarán el reino de Dios? No se dejen engañar. Ni fornicarios, ni idólatras, ni adúlteros, ni homosexuales, ni sodomitas, ni ladrones, ni codiciosos, ni borrachos, ni rebeldes, ni extorsionadores heredarán el reino de Dios." Y Hebreos 13:4 afirma, "Tengan todos en alta estima el matrimonio y la fidelidad conyugal, porque Dios juzgará a los adúlteros y a todos los que cometen inmoralidades sexuales.". La Biblia es clara en cuanto a que cualquier conducta sexual inapropiada es un delito punible a los ojos de Dios.

Por otro lado, la pureza sexual honra a Dios. Además, mantener la ética sexual bíblica refleja la vida transformada del cristiano y la influencia del Espíritu Santo. I Tesalonicenses 4:3-5 dice: "la voluntad de Dios es que sean santificados; que se aparten de la inmoralidad sexual; que cada uno aprenda a controlar su propio cuerpo de una manera santa y honrosa; sin dejarse llevar por los malos deseos, como hacen los paganos que no conocen a Dios;" (NVI) En este pasaje, Pablo afirma que la pureza sexual es una clara evidencia de cómo dios trabaja en nuestras vidas.

La sexualidad es tan sagrada porque, al igual que los sacrificios judíos de antaño, el sexo en el matrimonio tiene dos propósitos: uno es inmediato, pero el otro es un presagio simbólico de un bien aún mayor del que ahora experimentamos. Esta realidad futura es la unión matrimonial de Cristo y la Iglesia. Efesios declara sobre el matrimonio, "Este es un misterio profundo- pero estoy hablando de Cristo y la iglesia" (Efesios 5:32). Apocalipsis predice esta escena futura, "'¡Alegrémonos y regocijémonos y démosle gloria! Ya ha llegado el día de las bodas del Cordero.

Su novia se ha preparado, y se le ha concedido vestirse de lino fino, limpio y resplandeciente».

(El lino fino representa las acciones justas de los santos). El ángel me dijo: «Escribe: "¡Dichosos los que han sido convidados a la cena de las bodas del Cordero!" (Apocalipsis 19:7-9). Por lo tanto, cuando los cristianos expresan la sexualidad en el matrimonio, revelan al mundo una de las imágenes más claras del amor de Dios y nuestro destino futuro como la novia de Cristo. Por otro lado, cuando los cristianos expresan la sexualidad fuera del matrimonio, anulan una de las imágenes más claras del amor de Dios.

La Biblia no podría ser más clara sobre la moral sexual cristiana. Cuando los hombres abogan por diversas formas de inmoralidad sexual, o no conocen a Dios, o están en desobediencia voluntaria. La pureza sexual es una de las formas más obvias de destacarse como cristiano.

Cómo la Ética Sexual Impacta la Cultura

La sexualidad es clave para la cultura. La sexualidad desenfrenada es históricamente una fuerza culturalmente destructiva. El matrimonio, por otro lado, es la piedra angular de la sociedad. Los matrimonios fieles y amorosos canalizan la sexualidad en una fuerza para el bien. Ninguna otra expresión de sexualidad, no importa cuán "consensual" o "amorosa" es obediente a la voluntad de Dios, o es un beneficio cultural para la sociedad.

La Ética Sexual en Culturas No Cristianas

La sexualidad desenfrenada es una fuerza de destrucción, especialmente para mujeres y niños.

Muchas personas hoy saben que los griegos eran conocidos por su comportamiento homosexual. Pero a menudo no saben que el sexo homosexual griego era principalmente la pederastia o pedofilia, es decir, un hombre adulto que tenía relaciones sexuales con un niño que comúnmente tenía entre 12 y 16 años.

El Imperio Romano ha sido famoso a lo largo de la historia por su libertinaje sexual: abuso de mujeres y esclavos, homosexualidad, bestialidad, rituales orgiásticos e inmoralidad religiosa. Era un lugar donde los hombres podían entablar relaciones sexuales sin restricciones, involucrando a mujeres jóvenes, niñas esclavas, niños pequeños e incluso las esposas de otros hombres. Los arqueólogos se sorprenden al descubrir cuán abierta y pública era la actividad sexual en la época de los romanos.[43]

Las religiones no cristianas tienden a ser altamente sexualizadas. Los griegos y los romanos exaltaron la actividad sexual pública en su arte y literatura.[44] Los arqueólogos han descubierto cerámica y murales de la antigua Roma que dan evidencia de esto. El sexo era un espectáculo público en el mundo antiguo. En todo el mundo antiguo e incluso en muchas partes del mundo actual, las exhibiciones públicas de actividad sexual son la norma aceptada. Entre las consecuencias del impulso sexual sin canalizar está la sexualización de todo- incluyendo la religión.

En los tiempos del Antiguo Testamento, las naciones que rodeaban a Israel practicaban la sexualidad desenfrenada aborrecida en todo el mundo hoy. La gente esperaba encontrar prostitutas en los templos. Mujeres jóvenes, antes de casarse, eran consignadas a uno de los dioses, y se les exigía tener relaciones sexuales con los asistentes al templo durante un año o más. Las naciones que rodean a Israel constantemente los tentaron a rendirse ante este libertinaje, a pesar de que los profetas de Dios denunciaron estos males.

La prostitución en el templo todavía existe en nuestro mundo moderno. Hablé con una enfermera cristiana a quien conozco desde hace muchos años. Se especializa en "atención al final de la vida" y viajó a la India para impartir seminarios sobre cómo mejorar los últimos días de una persona. Pero tristemente, muchas de las personas moribundas a las que intentaba ayudar eran mujeres jóvenes. Habían sido asignadas a un templo, utilizadas por los sacerdotes, y luego vendidas al público en general. Cuando se enfermaron demasiado con SIDA para seguir sirviendo, fueron trasladadas a las chozas donde vivieron los últimos días de sus trágicas vidas, tanto rechazadas como olvidadas.

Una de las grandes tragedias de nuestro tiempo es el tráfico sexual- la venta de niños y niñas a una vida de esclavitud sexual. Según una estimación, el número de niños traficados es de 45 millones.[45] La cantidad de dinero gastado en el tráfico es mayor que el tráfico de drogas ilícitas.

Un misionero en el norte de Tailandia estaba de compras en el centro de

---

[43] Discutido ampliamente en Alvin Schmidt, *How Christianity Changed the World*, (Grand Rapids, MI: Zondervan, 2004)
[44] Alvin Schmidt, *How Christianity Changed the World* (Grand Rapids, MI: Zondervan, 2004), Kindle Ed. Loc. 1885
[45] "Slavery Today" *International Justice Mission*, consultado el 23 de Julio, 2017, https://www.ijm.org/slavery

su ciudad cuando un empresario local le preguntó qué estaba haciendo en su país. Ella le informó de sus intentos de liberar a las niñas del tráfico. Él dijo, "¿No es para eso para lo que están [estas chicas]?" En muchos lugares, incluso hoy, la explotación de mujeres jóvenes se considera normal.

En el verano de 2015, conocí a un misionero en Tailandia. Uno de sus colegas me dijo que había rescatado a más de mil niños de la trata. Observé a estos huérfanos actuar en una presentación musical, y me emocionó verlos cantar alabanzas a nuestro Dios. Habían sido rescatados de la esclavitud y el pecado, y estaban agradeciendo a Dios por la salvación que tienen en Cristo. Esta historia ilustra un propósito de la ética sexual cristiana- detener el comportamiento sexual inmoral que destruye la cultura.

En Occidente hoy, la sexualidad desenfrenada está nuevamente destruyendo la cultura. El divorcio es tan común como los matrimonios que permanecen intactos. Los estadounidenses esperan que los cristianos celebren la homosexualidad en lugar de condenarla. Ciertamente, estos problemas tienen matices y exigen atención y cuidado personal para las personas divorciadas y homosexuales. Como pastor, proporciono este cuidado. Pero como historiador debo reiterar: el matrimonio monógamo heterosexual es la clave de la cultura. Cada cultura traza una línea entre el comportamiento sexual aceptable e inaceptable, pero ninguna línea tiene tanto sentido cultural como la línea entre el sexo matrimonial y el sexo en la soltería. Dios creó la sexualidad para el matrimonio, y éstos benefician a la cultura.

Ética Sexual en Culturas Cristianas

Aunque nuestra cultura no acepta la ética sexual bíblica ahora, nuestra sociedad no existiría sin ella. Dennis Prager escribe: "Las sociedades que no establecieron límites en torno a la sexualidad se vieron obstaculizadas en su desarrollo. El dominio posterior del mundo occidental puede atribuirse en gran medida a la revolución sexual iniciada por el judaísmo y luego llevada a cabo por el cristianismo. O, en otras palabras, la revolución sexual introducida por la revelación divina del todopoderoso Dios mismo". [46]

Cuando los cristianos miramos nuestro mundo hoy y vemos su rechazo a la moral sexual, estamos tentados a renunciar a nuestras creencias sobre la sexualidad. ¿Cómo podría aplicarse la estricta ética sexual en el mundo moderno? Pero hagamos esta pregunta: ¿Recibió la gente del Imperio Romano la enseñanza cristiana sobre el sexo con entusiasmo? No, no lo hicieron. Las personas de

---

[46] Dennis Prager, "*Judaism's Sexual Revolution*," http://www.orthodoxytoday.org/articles2/PragerHomosexuality.php

ese día eran más resistentes a la enseñanza cristiana que las personas de nuestros días, que han vivido bajo muchas influencias cristianas. El cristianismo entró en el imperio romano con el mensaje de que el sexo fuera del matrimonio era pecaminoso y una violación de la voluntad de Dios. Los cristianos mantuvieron este punto de vista sin ceder, y su fidelidad a Dios los separó y cambió el mundo. Su ejemplo nos enseña esto: no abandones una doctrina de Dios porque la gente que te rodea la odia. Las culturas cambian, pero Dios no.

Una de las mejores piezas de la literatura cristiana primitiva aproximadamente 100 años después de la Biblia es: la Epístola a Diogneto. No sabemos quién la escribió, pero registra que la cultura cristiana primitiva echó raíces en medio de un mundo incrédulo. Se informó que los cristianos "se casan, como todos [los demás]; engendran hijos; pero no destruyen a su descendencia. Tienen una mesa común, pero no una cama común."

Actualmente en China, los cristianos todavía son conocidos por su ética sexual. En su libro, Jesús en Beijing (Jesus in Beijing), David Aikman dice que muchísimas mujeres jóvenes en la educación superior china son seguidoras de Jesucristo, que las mujeres con títulos de posgrado son estereotipadas como cristianas. ¿Y cuál es la marca distintiva de su fe cristiana? Practican la moral sexual cristiana.[47]

El cristianismo insiste en que disfrutemos de la intimidad y el compromiso junto con el sexo. El cristianismo hizo de las relaciones sexuales un acto privado. La naturaleza íntima del sexo que damos por hecho no existe fuera de la influencia de la Biblia. El cristianismo sacó el comportamiento sexual del ojo público y lo puso en la habitación matrimonial. La ley estadounidense hasta el día de hoy refleja esa influencia cristiana. El matrimonio mismo era una institución utilitaria en el mundo antiguo, pero el cristianismo lo exaltó a un lugar de majestad y gloria. Siempre que vea la belleza de un matrimonio en nuestra cultura moderna, recuerde que el cristianismo estableció el matrimonio como la institución hermosa y vital que es hoy en día.

El cristianismo no tolera la explotación sexual de los niños. En el Occidente moderno, incluso los no creyentes que rechazan el resto de la ética sexual cristiana estarán de acuerdo con esta parte. Ellos también se oponen al abuso sexual de niños. Todos los países del mundo occidental tienen lo que se conoce como una "edad de consentimiento" o una edad en la que las relaciones sexuales están prohibidas. La edad puede variar (en los EE. UU. generalmente es 18 años. En varios países europeos es 14 o 15), pero la filosofía es la misma:

---

[47] Aikman, David. *Jesus in Beijing: How Christianity Is Transforming China and Changing the Global Balance of Power*. Oxford: Monarch, 2006.

entablar relaciones sexuales con niños es incorrecto.

El cristianismo exige que los hombres y las mujeres sean fieles a su cónyuge. Este es otro valor cristiano retenido entre los occidentales modernos. Cuando enseñé en una universidad pública, muchas parejas vivían juntas fuera del matrimonio, pero incluso en las relaciones prematrimoniales, las personas esperan que sean mutuamente fieles. La infidelidad incluso a un novio o novia se le llama "engañar". No se llama "explorar su libertad natural" o "simplemente ser usted mismo". La infidelidad a un compañero fue condenada universalmente por mis alumnos incrédulos. Esto refleja su herencia cristiana, incluso si no la conocen. En contraste con los hombres romanos, mis alumnos son sumamente religiosos.

Conclusión

La sexualidad desenfrenada explota a los débiles e indefensos. La ética sexual, en lugar de sofocar este apetito diseñado por Dios, crea un espacio sagrado para el amor matrimonial. Cuando una cultura canaliza la sexualidad en la forma en que la Biblia lo describe, los niños prosperan como el preciado fruto de la unión sexual, no como la consecuencia accidental y no deseada de los amoríos. Lo más importante, el matrimonio pinta una imagen de Dios obrando en la vida humana. El matrimonio construye la cultura; El sexo fuera del matrimonio destruye la cultura.

CAPÍTULO 7
Racionalidad: Las Raíces Cristianas de la Ciencia y la Tecnología

Y que el hombre tenga dominio sobre los peces del mar y sobre las aves de los cielos y sobre el ganado y sobre toda la tierra y sobre cada cosa que se arrastra sobre la tierra.
–Génesis 1:26

Nadie duda del poder transformador del mundo de la Revolución Científica y su hermano, la Revolución Tecnológica. Sin embargo, ¿por qué solo han ocurrido en los últimos 350 años? Las civilizaciones han hecho avances tecnológicos durante miles de años, pero solo en los últimos siglos estos avances tecnológicos se han convertido en el fenómeno mundial que vemos hoy. Juntas, estas revoluciones han transformado el mundo materialmente más que cualquier otro evento histórico.

La iglesia de mi hija recientemente llevó a varios miembros a un viaje misionero a Moldavia, el país más pobre de Europa. Fueron a dirigir un campamento juvenil para niños y adolescentes rescatados de la industria del tráfico sexual que se desenfrena en Moldavia. Hicieron esta observación interesante: cada uno de estos niños desesperadamente pobres tenía un teléfono inteligente. Tienen en sus manos un recurso más allá de la imaginación de reyes y emperadores a lo largo de la mayor parte de la historia. Las raíces cristianas de la ciencia y la tecnología hacen de estos descubrimientos un beneficio, no solo para las sociedades en las que se originan, sino también para el mundo entero.

Las Bases Bíblicas para la Ciencia y la Tecnología

La teología bíblica es la base para el descubrimiento científico y los inventos tecnológicos resultantes. Históricamente, estas dos ideas teológicas fueron la base del pensamiento científico: primero, que Dios trasciende la naturaleza, y segundo, que el hombre gobierna sobre la naturaleza. ¿Cómo se conectan estas ideas bíblicas con la ciencia? Los llevaremos uno a la vez.

La Trascendencia de Dios

Ciertas suposiciones de la teología cristiana son necesarias para la ciencia moderna. Incluso los científicos modernos que no creen en Dios tienen ciertas creencias cristianas sobre el mundo natural.[48] La base de la ciencia es esta: el mundo natural se rige por ciertas leyes fijas y observables, llamadas en la historia "Ley Natural". Si los hombres pueden descifrar esas leyes, entonces pueden comprender y utilizar elementos de la naturaleza. "Esta concepción del universo como un orden inteligible ha inspirado todo el desarrollo de la ciencia occidental."[49] La naturaleza no desobedece sus propias leyes. Por ejemplo, una semilla de manzana se convertirá en un manzano. Esta ley no varía. Cada manzano ha venido del mismo tipo de semilla y no de ningún otro. Otras leyes de la naturaleza son la gravedad, el ciclo constante de días, meses y años, y la realidad de la muerte y la descomposición, también conocida como entropía. Sin las leyes de la naturaleza, el estudio científico no podría existir porque no podría tener una base. Si las semillas produjeran al azar diferentes plantas, si la gravedad variara en su fuerza, o si algunos meses la luna no creciera ni menguara, entonces no habría patrones para estudiar. Con estas leyes en existencia, los patrones de la naturaleza son consistentes y, por lo tanto, pueden observarse, describirse e incluso aprovecharse en nuestros propios inventos tecnológicos.

Estas leyes apuntan a una idea teológica importante: la trascendencia. Si la naturaleza obedece constantemente las leyes de la naturaleza, entonces las leyes están por encima de la naturaleza. La naturaleza está subordinada a las leyes. La existencia y el poder de estas leyes apuntan a un legislador. El Dios creador de la Biblia es simplemente un legislador. Debido a que Dios gobierna la naturaleza, vale la pena estudiar las leyes, no solo para entender este mundo, sino también para entender al Dios creador.

---

[48] Uno de los grandes filósofos de la primera mitad del siglo veinte fue Alfred North Whitehead. Al dar clases a estudiantes en la Universidad de Harvard, planteó la cuestión de dónde provenía la ciencia. Él dijo "[la ciencia surgió] de la insistencia medieval en un Dios personal... [el mundo natural] fue supervisado y ordenado. La búsqueda en la naturaleza solo podría resultar en la reivindicación de la fe y la racionalidad". Stark, Rodney. *The Victory of Reason: How Christianity Led to Freedom, Capitalism, and Western Success*. New York: Random House Trade Paperbacks, 2006.

[49] Dawson, Christopher. *The Formation of Christendom*. San Francisco: Ignatius Press, 2008. P.35

Pablo hizo este argumento exacto a los filósofos en Atenas. Vio que sus dioses no eran trascendentales. De hecho, apenas eran mejores que los humanos en su poder y definitivamente en su moralidad. Les dijo a los filósofos en Atenas,

"El Dios que hizo el mundo y todo lo que hay en él es Señor del cielo y de la tierra. No vive en templos construidos por hombres, ni se deja servir por manos humanas, como si necesitara de algo. Por el contrario, él es quien da a todos la vida, el aliento y todas las cosas. De un solo hombre hizo todas las naciones para que habitaran toda la tierra; y determinó los períodos de su historia y las fronteras de sus territorios. Esto lo hizo Dios para que todos lo busquen y, aunque sea a tientas, lo encuentren. En verdad, él no está lejos de ninguno de nosotros, "puesto que en él vivimos, nos movemos y existimos". (Hechos 17: 24-28)

En este argumento simple, Pablo explica una profunda verdad teológica: Dios está por encima de la naturaleza. En otras palabras, Dios es trascendente. Él gobierna la naturaleza. Él no vive en un templo o en una montaña terrenal como lo hicieron los dioses griegos. Además, el plan de Dios es que los hombres lo busquen. La trascendencia de Dios sobre la naturaleza les ruega a los hombres que lo estudien y lo descubran en su creación.

En una carta futura, Pablo hace esta declaración acerca de cómo Dios se da a conocer a las personas a través de la naturaleza: "Lo que se sabe acerca de Dios es claro para ellos, porque Dios lo ha dejado claro para ellos. Porque desde la creación del mundo, las cualidades invisibles de Dios, su poder eterno y su naturaleza divina, se han visto claramente, se han entendido a partir de lo que se ha hecho, para que las personas no tengan excusas ". (Romanos 1:20) Según este pasaje, la naturaleza y sus leyes claramente dirigen a todos a un Dios trascendente.

Sin el orden de la ley natural, estudiar la naturaleza no tendría valor y la ciencia sería imposible. La ley natural hace posible la ciencia. La revelación de Dios a través de la ley natural hace que la ciencia sea irresistible para aquellos que buscan a Dios. Así, la ciencia surgió a través de la motivación cristiana para descubrir las cualidades de Dios en lo que ha hecho.

El Domino del Hombre

La humanidad no es trascendente como Dios. Somos parte de la naturaleza en lugar de separarnos de ella, como lo está Dios. Sin embargo, nuestro Dios trascendente ordenó que la humanidad gobierne sobre la naturaleza. Un pasaje en Génesis continúa el pasaje estudiado a lo largo de todo este libro:

"Entonces Dios creó a la humanidad a su propia imagen, a imagen de Dios los creó; hombre y mujer los creó. Dios los bendijo y les dijo: 'Sean fructíferos y aumenten en número; llenar la tierra y someterla. Gobiernen sobre los peces en el mar y las aves en el cielo y sobre cada criatura viviente que se mueve en el suelo" (Génesis 1:27, 28). En este pasaje, Dios dio el orden natural al hombre de cuidar y gobernar.

Parte del dominio del hombre sobre la naturaleza incluye el estudio. Debido a que Dios es trascendente, la humanidad puede no reconocerlo a menos que lo estén buscando. Mirando nuevamente el argumento de Pablo en Atenas, "Dios hizo esto para que lo busquen y, aunque sea a tientas lo encuentren, aunque en verdad, él no está lejos de ninguno de nosotros" (Hechos 17:27, 28). El dominio del hombre pone la pelota en la cancha humana, por así decirlo. Dios llenó la naturaleza con evidencia de sí mismo, pero la humanidad es responsable de encontrar esa evidencia y darle gloria a Dios. Las leyes de la naturaleza son tan ordenadas y consistentes que los hombres pueden descubrirlas a través de la observación y pruebas simples. Dios tiene el poder de cambiar las leyes de la naturaleza por capricho, pero su propósito es que los hombres lo encuentren. Él nunca actúa por capricho. Su naturaleza es un argumento ordenado para su existencia como creador. Dios también le ha dado a la humanidad la libertad de aprovechar y utilizar los elementos naturales y las leyes para formar inventos y tecnologías. La responsabilidad y el poder del dominio sobre la naturaleza muestran el amor de Dios por el hombre y su deseo de trabajar en conjunto con la humanidad para lograr sus propósitos en el mundo.

El historiador Christopher Dawson señala que "solo en los últimos tiempos hombres como A.N. Whitehead ha reconocido que la ciencia moderna en sí misma difícilmente podría haber existido si la mente occidental no hubiera estado preparada por siglos de disciplina intelectual para aceptar la racionalidad del universo y el poder de la inteligencia humana para investigar el orden de la naturaleza."[50] La trascendencia de Dios, junto con el dominio del hombre, abre las puertas de la ciencia y la tecnología como ninguna otra idea en la historia. Un crítico podría argumentar que el cristianismo no jugó un papel dominante en el surgimiento de la ciencia, pero luego el crítico debe responder a esta pregunta: ¿Por qué surgieron la ciencia y la tecnología en la cultura cristiana y solo en la cultura cristiana? ¿Fue solo una coincidencia o hay una relación causal? La evidencia histórica apunta al cristianismo como la fuente de la ciencia y la tecnología.

---

[50] Ibid., p.36

Cómo la ciencia y la tecnología impactan la cultura

La ciencia y la tecnología benefician enormemente a la cultura, pero también provocan cambios rápidos y a veces sorprendentes. Si una cultura acepta la innovación y el cambio, entonces la ciencia y la tecnología pueden implementarse. Si una cultura fomenta la innovación y el progreso, entonces la ciencia y la tecnología prosperarán y se volverán aún más influyentes. Por otro lado, si una cultura teme o rechaza la innovación y el cambio, entonces la ciencia y la tecnología no son bienvenidas.

La Ciencia y la Tecnología en Culturas No Cristianas

Antes de la revolución científica, el mundo era un lugar de ignorancia y pobreza. Era un mundo que creía que espíritus individuales y aleatorios vivían en animales y plantas, por lo que no podían estudiarse científicamente. No tenían patrón ni obedecían ninguna ley. El sufrimiento material era la suerte común de la humanidad. William Rosen, un historiador de la tecnología, da este relato aleccionador:

> "Según cualquier medida cuantificable, incluida la esperanza de vida, las calorías consumidas o la mortalidad infantil, la experiencia vivida de prácticamente toda la humanidad no cambió mucho durante miles de años después de que la Revolución Agrícola se extendió por todo el mundo. Los campesinos aztecas, los pastores babilónicos, los albañiles atenienses y los comerciantes carolingios hablaban diferentes idiomas, vestían diferentes ropas y rezaban a diferentes deidades, pero todos comían la misma cantidad de comida, vivían la misma cantidad de años, no viajaban más lejos- ni más rápido- de sus hogares y enterraron a tantos de sus hijos." [51]

Aunque la cultura musulmana desarrolló algo de ciencia, "el Islam sostiene que el universo es inherentemente irracional- que no hay causa y efecto- porque todo sucede como resultado directo de la voluntad de Alá en ese momento en particular. Todo es posible. Los intentos de la ciencia, entonces, no solo son tontos sino también blasfemos, ya que implican límites al poder y la autoridad de Alá."[52] El pensamiento musulmán se aferra a la trascendencia de Alá, pero no al dominio del hombre.

En la cultura china, los imperios y reyes a menudo se oponían a la investigación científica. "La razón por la cual tantas innovaciones e invenciones fueron

---

[51] Rosen, William. *The Most Powerful Idea in the World: A Story of Steam, Industry, and Invention* (Kindle Locations 110-111). Random House, Inc.. Edición Kindle.
[52] Reilly, Robert R. *The Closing of the Muslim Mind*. Wilmington: ISI Books

abandonadas o incluso prohibidas en China tuvo que ver con la oposición confuciana al cambio con el argumento de que el pasado era muy superior. Muchos inventos provienen de la cultura china, pero no se produjo una revolución porque la cultura se opuso al cambio."[53] China sofocó sus propias tecnologías y rara vez las compartió con el resto del mundo.

Las culturas del mundo antiguo eran hostiles a la invención y el ingrediente más crucial del cambio tecnológico es que una cultura esté abierta a ello. La cultura cristiana no solo apoya el cambio, sino que cree que Dios le dio a la humanidad el poder y la responsabilidad para lograr ese cambio. El amor por la innovación que tenemos hoy en la cultura estadounidense proviene directamente del cristianismo.

La Ciencia y la Tecnología en Culturas Cristianas

Las ideas de la trascendencia de Dios y el dominio del hombre tardaron muchos siglos en penetrar en las mentes de las personas. Los primeros grandes avances científicos se hicieron en Europa occidental durante la Edad Media (1000-1350 d.C.), y al final de esta era Europa era la cultura más avanzada científica y tecnológicamente en la historia del mundo. Por ejemplo, en los años 1200, se inventaron las gafas y el reloj mecánico. Estos inventos, entre otros, son lo que el historiador James Hannam afirma "catapultó a la Europa medieval al primer lugar en la carrera para convertirse en la civilización más avanzada tecnológicamente en la tierra. Aunque no lo sabía, el hombre medieval ya había superado a China, el Islam y el mundo antiguo." [54]

Durante este período, los europeos estaban haciendo progresos tan enormes que ellos mismos no se dieron cuenta de cuán grandes fueron sus logros. "Europa llevaba mucho tiempo por delante del resto del mundo en tecnología, pero a finales del siglo XVI esa brecha se había convertido en un abismo."[55]

¿Cómo sucedió esto? La inteligencia estaba presente en todo el mundo. Los inventos musulmanes y chinos pueden haber sido más avanzados, pero les faltaba el ingrediente clave: la cultura. Christopher Dawson explica la necesidad de aceptación cultural para la innovación:

"Si bien es imposible negar la realidad del genio individual y el logro cre-

---

[53] Stark, Rodney. *How the West Won: The Neglected Story of the Triumph of Modernity*. Wilmington, DE: ISI Books, 2015.
[54] Hannam, James. *The Genesis of Science: How the Christian Middle Ages Launched the Scientific Revolution* (p. 146). Regnery Publishing. Edición Kindle.
[55] Rodney Stark, *How the West Won*, Location 3390, Edición Kindle.

ativo de los individuos, este es solo un lado de la historia. Un genio es también el miembro de una sociedad, el portador de una cultura y un vínculo en una tradición. A menos que las condiciones de su cultura sean favorables, el genio no puede hacer su trabajo, e incluso si lo hiciera, su descubrimiento sería estéril."[56]

El punto que Dawson hace aquí es que los inventos en sí mismos no son suficientes. Toda una cultura debe estar abierta a implementar nuevas tecnologías antes de que realmente produzcan un cambio duradero. Se necesitó a la cultura cristiana moldeada por la Biblia para producir las revoluciones científicas y tecnológicas.

Una cultura se convierte en aceptación de los avances científicos, en parte por medio de la educación. Alrededor del año 1000 d. C., los grandes pensadores del mundo occidental comenzaron a hacer preguntas sobre el mundo natural. El estudio racional de Dios y su creación es la raíz de la educación moderna. Los cristianos creen que el dominio se da a todos los humanos, y que todos los que se hacen a imagen de Dios son racionales como lo es Él. El resultado lógico Es un énfasis en la educación. Debido a estas ideas cristianas, la cultura occidental ha liderado el camino en la educación universal, la formación de universidades, la educación de las mujeres y la educación de todas las clases de personas hasta los ciudadanos más pobres.

Uno de los mayores grupos de eruditos durante la Edad Media se llamaba los escolásticos. "Fundaron las grandes universidades de Europa, las primeras universidades de la historia. Formularon y enseñaron el método experimental, y lanzaron la ciencia occidental. Estas nuevas instituciones se distinguieron por no limitar su trabajo académico a recitar la sabiduría recibida. En cambio, los escolásticos que fundaron universidades estimaron la innovación."[57] Este preciado espíritu innovador lanzó la revolución científica.

La educación y la racionalidad continuaron extendiéndose durante la reforma, esta vez a través de la promoción de la alfabetización. Los cristianos creen que Dios se comunica con el hombre en forma escrita a través de la Biblia. Por lo tanto, es de suma importancia que hombres y mujeres puedan leer. En su libro sobre India, In Spite of the Gods, Edward Luce lamenta el hecho de que tantos indios todavía sean analfabetos- más de medio billón. Y luego Luce hace un comentario interesante. Él dice que es una pena que India "nunca haya

---

[56] Dawson, Christopher. *Formation of Christendom* (p. 61). Ignatius Press. Edición Kindle.
[57] Rodney Stark, *How the West Won*, Location 3061, Edición Kindle.

tenido un Martín Lutero."[58] Luce se refiere al gran reformador protestante que vivió en Alemania en el siglo XVI. Lutero abrió el camino en la educación para todos, y estaba decidido a que todos tuvieran una Biblia en su propio idioma.

La educación promovió la racionalidad y promovió la revolución científica al informar a todas sus propias habilidades dadas por Dios para pensar, comprender e innovar. Más personas educadas representaba tener más científicos e inventores, pero también resultó en una cultura de personas que creían en la racionalidad de Dios y en sus propias mentes. El Occidente tenía el ingrediente clave: la cultura.

Hoy, experimentamos un mundo muy cambiado debido a la tecnología, pero nuestros avances incluyen algunas realidades complicadas. Más tecnología les da a los humanos más poder, lo que puede conducir a muchos dilemas éticos. Escuchará a muchas personas denunciar la revolución tecnológica moderna, advirtiendo sobre los efectos secundarios nocivos y los peligros. Sin embargo, tenga en cuenta que nadie nunca rechaza las bendiciones de la tecnología. De hecho, ninguna sociedad ha rechazado todas las bendiciones de la tecnología. Algunos grupos renunciarán a ciertas tecnologías, pero sin falta conservarán otras.

Me río de mis alumnos que dicen que quieren ir de campamento "para alejarse de todo." En su concepto de "alejarse de todo" usan ropa sintética (Gore-Tex, por ejemplo, es un material sintético que repele el agua pero aún permite que la tela respire); comen alimentos liofilizados; usan una estufa de campamento que funciona con gas blanco o propano; tienen pastillas o filtros para purificar el agua. En otras palabras, aprovechan todas las ventajas que ofrece la tecnología. Y si se enferman o lesionan, incluso pueden depender de que un helicóptero los rescate y les salve la vida. Demasiado para "alejarse de todo."

Estos ejemplos ilustran que las bendiciones de la tecnología superan con creces los problemas. Hoy, estamos inundados en un mar de bendiciones materiales con las que nuestros antepasados ni siquiera podían soñar. En lugar de quejarnos de las complicaciones de la tecnología, consideremos algunas de sus bendiciones.

Transporte

Cada verano cargo mi camioneta y me dirijo a Canadá para ir a pescar. Conduzco alrededor de 1,400 millas en el pavimento, luego 90 millas en grava, luego cuatro millas en un sendero que atraviesa el desierto. Luego pongo todo

---

[58] Luce, Edward. *In Spite of the Gods: The Rise of Modern India*. New York: Anchor Books, 2012. p.324

mi equipo en un bote y viajo por agua otras dos millas hasta mi cabaña. Allí disfruto de la espectacular belleza de la naturaleza canadiense y de algunas de las mejores pescas del mundo. Según los estándares de mi país, no soy un hombre rico. Pero el hombre más rico de mi país habría tenido grandes dificultades para hacer esto hace 100 años. Mi bisabuelo nunca viajó ni siquiera a 20 millas de su lugar de nacimiento. La revolución científica en el transporte me ha dado oportunidades que los muy ricos no tenían ni hace unas décadas.

Salud

En 1861, el esposo de la reina Victoria, el príncipe Alberto, murió de fiebre tifoidea. El Príncipe tenía 42 años y era uno de los hombres más ricos y poderosos del mundo. Murió de algo que no mata ni al más pobre de los estadounidenses hoy, porque ha sido erradicado a través de la ciencia de la inoculación. Lo que mató a los muy ricos hace 150 años no molesta hoy a los ciudadanos más pobres debido a las mejoras en la tecnología médica.

En los últimos 100 años, el aumento de la esperanza de vida ha sido notable en todo el mundo. He pasado mucho tiempo visitando misioneros en Camboya. La esperanza de vida en ese país es de 65 años, una de las más bajas del mundo. La esperanza de vida en los Estados Unidos en el año 1900 era de 47 años. No se esperaría que un estadounidense que vivía en la ciudad de Nueva York en 1900 viviera tanto tiempo como un aldeano de Camboya hoy en día.[59] Todo esto es por la aplicación de la tecnología a la salud.

Alimentos

Hoy, el mundo produce más alimentos por persona que en cualquier otro momento de la historia. Sí, todavía hay hambre en el mundo- demasiada, pero el problema es la distribución, no la producción. Tenemos suficiente comida. El problema es llevarla a las personas adecuadas. Irónicamente, en Estados Unidos, el mayor problema de nutrición de los niños pobres es la obesidad. El hecho de que produzcamos tanta comida es un milagro tecnológico moderno. Esta tecnología fue desarrollada por un simple agricultor. Es una de las mejores personas de las que nunca has oído hablar: Norman Borlaug. Nació en una granja en Iowa en 1914 y asistió a la Universidad de Minnesota. Dedicó toda su vida a mejorar los cultivos alimentarios y fue especialmente exitoso con el trigo y el arroz. Conocido como el padre de la "Revolución Verde", la aplicación

---

[59] En el año 1900 la expectativa de vida de un estadounidense promedio era de 47 años; https://www.seniorliving.org/history/1900-2000-changes-life-expectancy-united-states/ Actualmente, la expectativa de vida de un camboyano es de 65 años; https://www.cia.gov/library/publications/the-world-factbook/rankorder/2102rank.html

de la tecnología a la agricultura, se le atribuye salvar a más de mil millones de personas del hambre.

Comunicación e informática

Ninguna tecnología ha creado más cambios que la invención del teléfono inteligente. No solo puede conectar personas en prácticamente cualquier lugar, sino que también proporciona una computadora en su bolsillo que es más poderosa que cualquier otra que poseía el gobierno de los Estados Unidos hace 75 años. De hecho, la primera computadora pesaba 50 toneladas. Su teléfono inteligente pesa unas pocas onzas y tiene 25,000 veces más memoria que esa computadora del gobierno. Es una maravilla de la tecnología y brinda a las personas bendiciones infinitas.

Considere estas innovaciones y más, y da gloria a Dios. Él es quien hizo racional el universo e invitó a los seres humanos a estudiar e inventar.

Conclusión

La ciencia y la tecnología modernas están motivadas por estas ideas: que existen las leyes naturales de Dios, y que Él ha dado a los hombres dominio sobre la naturaleza. Las revoluciones científicas y tecnológicas que barrieron nuestro mundo no son solo una cuestión de invención. Los miembros de la cultura occidental que aceptaron e implementaron estas ideas y tecnologías progresivas también son responsables del mundo mejor que tenemos hoy. Juntos, la teología cristiana y estas personas han creado una cultura de progreso e innovación que ha bendecido al mundo entero.

CAPÍTULO 8
Más Ideas Cristianas que Cambiaron al Mundo

―o―――o―

Toda buena dádiva y todo don perfecto descienden de lo alto, donde está el Padre.
–Santiago 1:17

Hemos cubierto siete ideas culturales clave que han cambiado el mundo. Estas ideas se encuentran en la Biblia y solo en la Biblia. Son las ideas más poderosas que dan forma a la cultura que hayan existido.

Sin embargo, hay una serie de otros valores culturales que el cristianismo fomenta enormemente. Estos son valores positivos que ayudan mucho a una cultura.

El Trabajo es Sagrado

Muchas culturas otorgan un alto valor al trabajo, pero otras no. Algunas fomentan el trabajo duro, y algunas ven el trabajo duro como apropiado solo para los miembros más bajos de la sociedad. La cultura cristiana valora el trabajo duro y la disciplina. Jesucristo mismo dedicó la mayor parte de su vida al trabajo duro. En su tiempo, un carpintero era un hábil artesano, pero el trabajo también era muy desafiante físicamente. La Biblia muestra su compromiso de trabajar al revelar que el Hijo de Dios mismo sabía cómo trabajar duro.

La ética del trabajo bíblico comienza en el primer libro de la Biblia. En Génesis 2:15 encontramos que Dios, poco después de crear a Adán, lo puso en el jardín del Edén "para trabajarlo y conservarlo". Docenas de pasajes en la Biblia fomentan la diligencia en el trabajo físico. Por ejemplo, Proverbios 12:11: "El que trabaja su tierra tendrá mucho pan." Salomón también da esta advertencia en Proverbios 18:9, "Quien sea flojo en su trabajo es un hermano para el que destruye." En el Nuevo Testamento, el apóstol Pablo le dice a la iglesia: "Si alguien no está dispuesto a trabajar, que no coma." (II Tesalonicenses 3:10)

En el Imperio Romano, el trabajo era considerado la tarea de los esclavos. "Las nociones de la dignidad del trabajo eran incomprensibles en la antigua Roma o en cualquier otra sociedad precapitalista."[60] Sin embargo, el cristianismo cambió radicalmente la visión del mundo acerca del trabajo. En la Edad Media se hizo evidente que "El verdadero fin del trabajo no era... las ganancias, sino el servicio de los demás."[61] El ideal para los artesanos no era menos elevado. El historiador Christopher Dawson cita este punto de vista de un escritor medieval: "Es un trabajo bueno y verdadero cuando los artesanos, por la habilidad e ingenio de sus manos en hermosos edificios y esculturas, difunden la gloria de Dios y hacen que los hombres sean gentiles de espíritu, de modo que encuentren deleite en todas las cosas bellas y mire con reverencia todo el arte y la artesanía, como un regalo de Dios para el uso, deleite y edificación de la humanidad."[62]

Una alta visión del trabajo alienta la salud humana, el estudio y el progreso. Desde el principio, la cultura cristiana ha otorgado el mayor valor al trabajo. ¡Qué bendición ha sido para sus propios ciudadanos y para el mundo!

Educación

Los cristianos creen que una de las principales formas en que Dios se comunica con el hombre es por escrito a través de la Biblia. Por lo tanto, es de suma importancia que hombres y mujeres puedan leer. El resultado lógico es un énfasis en la educación. La cultura occidental ha liderado el camino en la educación universal, la formación de universidades, la educación de las mujeres y la educación de todas las clases de personas hasta los ciudadanos más pobres.

Citamos esta cita de Edward Luce en un capítulo anterior: Luce lamenta el hecho de que tantos indios todavía sean analfabetos, más de medio billón. Luego comenta que es una pena que India "nunca haya tenido un Martín Lutero". Luce se refiere al gran reformador protestante que vivió en Alemania en el siglo XVI. Lutero abrió el camino en la educación para todos, y estaba decidido a que todos tuvieran una Biblia en su propio idioma. India se perdió esto y sufrió por ello.

La cultura cristiana creó universidades. Los primeros comenzaron en Europa en los años 1200. "La cultura se transmite principalmente en la mente a través de las ideas; las grandes universidades se desarrollaron debido a la im-

---

[60] Stark, Rodney. *How the West Won: The Neglected Story of the Triumph of Modernity*. Wilmington, DE: ISI Books, 2015.
[61] Dawson, Christopher. *The Formation of Christendom*. San Francisco: Ignatius Press, 2008. P.237
[62] Ibid., p.238

portancia de la vida de la mente."

La cultura cristiana ha dominado la educación desde el principio y continúa haciéndolo. Es un regalo maravilloso para la comunidad mundial.

La Separación de la Religión y el Gobierno

El cristianismo no es generalmente una fuerza revolucionaria políticamente porque religiosamente vive en dos ámbitos: el religioso y el social / político. La fe cristiana no siente obligación de derrocar a este último. El cristianismo es la única religión como esta. Todas las demás religiones combinan su autoridad religiosa con algún tipo de control del gobierno. El cristianismo promueve la libertad de religión debido a su énfasis en el libre albedrío. Los cristianos solo pueden aceptar verdaderamente la salvación por elección.

Fervor Misionero

El cristianismo ha sido, por mucho, la religión misionera más agresiva. "Porque lo que distingue a la cultura occidental de las civilizaciones del otro mundo es su carácter misionero- su transmisión de persona a persona en una serie continua de movimientos espirituales."[63] No solo difunde su mensaje de salvación, sino que también se compromete a difundir cultura entera- religión, educación, valores sociales, ciencia y todos los demás elementos de la cultura. El cristianismo se propaga por influencia, no por fuerza. Una vez, una estudiante vino a mi casa y comenzó a quejarse de "todas esas conversiones cristianas forzadas." Le dije: "Nunca ha habido una conversión forzada exitosa en la historia de la fe cristiana. Las personas pueden haber fingido verse obligadas a convertirse, pero esas conversiones nunca son reales, ni son deseables. La conversión al cristianismo debe ser voluntaria para ser verdad."

Esto ha llevado, entre otros resultados, a vastas expediciones exploratorias. Por ejemplo, los franciscanos al final de la Edad Media exploraron mucho territorio, y "los viajes de los frailes, nada menos que los viajes de Colón y Vasco de Gama, marcan el despertar de una conciencia mundial europea y el fin de las Eras Oscuras geográficas."[64] El padre de la Edad de los Descubrimientos moderna, el Príncipe Enrique de Portugal, era un cristiano devoto que quería llegar al mundo entero con el Evangelio cristiano. David Livingstone es el mayor explorador europeo en la historia de África. Fue el miembro más famoso de la Royal Geographical Society y un pionero en ese campo. Lamentablemente, es

---

[63] Dawson, Christopher. *Religion and the Rise of Western Culture.* New York: Doubleday, 1991. Edición Kindle, Loc. 201
[64] Ibid., loc. 3357

fácil olvidar que fue, ante todo, un misionero que tenía pasión por llegar a las tribus de África con el Evangelio de Cristo (un proyecto que finalmente se ha concretado en los últimos 60 años).

Estas ideas, compartidas por algunas otras culturas, son elevadas a su máximo nivel por la fe cristiana. Y son además ideas que han cambiado al mundo.

Conclusión

Siete ideas han cambiado el mundo, pero ¿cómo cambio mi propia vida?

En 1953, Sir Edmund Hillary y el nepalí Sherpa, Tenzing Norgay, hicieron lo que nadie creía posible- subieron a la cima del Monte Everest, la montaña más alta del mundo, y respiraron el aire de 29,000 pies (8,840 metros) de altitud.

El lector de este libro acaba de hacer esto en la historia de las ideas. Usted ha llegado a la cima del pensamiento humano, las ideas más grandes y más elevadas de la historia de la raza humana.

Estas ideas han bendecido tu vida y la vida de las personas que amas, pero hay otro paso que tomar. Jesucristo tiene el poder de transformar tribus, naciones y civilizaciones, por lo que es lógico que pueda transformar tu vida. No tienes que ser la persona que eres ahora. La Biblia enseña que si alguien está en Cristo, es una "Nueva Creación". Puedes convertirte en una nueva persona en este momento y tener tu propia "civilización" personal transformada.

Admita que necesita ayuda y luego pídale a Jesús que haga tres cosas. Primero, pídale que lo perdone por sus pecados. Es por eso que murió en la cruz- para tomar su lugar y pagar la pena por sus pecados. Segundo, pídale que entre en su corazón y se apodere de su vida. Déjelo tener el control. Tercero, pregúntele qué debe hacer con su vida. Muy pronto comenzará a abrir nuevos caminos para usted: caminos de amor, poder y paz.

En el año 65 d.C., el misionero viajero, Pablo, escribió al pueblo romano. Eran ciudadanos del imperio más poderoso que se había conocido. Él les dijo: "Si confiesas con tu boca que Jesús es el Señor y crees que Dios lo resucitó de entre los muertos, serás salvo." (Romanos 10:9) Esa puede ser su vida ahora mismo. Una nueva vida resucitada de su vieja vida muerta y dedicada al servicio de Cristo. Y Jesús le transformará de la misma manera que lo ha hecho con las grandes civilizaciones de las que leyó arriba.

Ha leído sobre ideas que han cambiado el mundo. Ahora tiene una idea de cómo cambiar su propia vida.

Bibliografía

Aikman, David. *Jesus in Beijing: How Christianity Is Transforming China and Changing the Global Balance of Power*. Monarch, 2006.

Aristotle, and H. Rackham. Aristotle: Politics. Heinemann, 1959.

Brooks, Arthur C. *Who Really Cares: the Surprising Truth about Compassionate Conservatism: Americas Charity Divide - Who Gives, Who Doesn't, and Why It Matters*. Basic Books, 2007.

Burton, Margaret E. B. 1885. *Notable Women of Modern China*. Nabu Press, 2010.

Central Intelligence Agency, Central Intelligence Agency, 1 Feb. 2018, https://www.cia.gov/library/publications/the-world-factbook/.

Dawson, Christopher. *The Formation of Christendom*. Sheed and Ward, 1967.

Dawson, Christopher. *Medieval Essays*, By Christopher Dawson. 1968.

Dawson, Christopher. *Religion and the Rise of Western Culture*. Doubleday, 1991.

Hannam, James. *The Genesis of Science: How the Christian Middle Ages Launched the Scientific Revolution*. Regnery Pub., 2011.

Hvistendahl, Mara. *Unnatural Selection: Choosing Boys over Girls, and the Consequences of a World Full of Men*. PublicAffairs, 2012.

Kennedy, D. James, and Jerry Newcombe. *What If Jesus Had Never Been Born?: the Positive Impact of Christianity in History*. T. Nelson Publishers, 2001.

Lamb, Harold. *Hannibal: One Man against Rome*. Doubleday, 1985.

Luce, Edward. *In Spite of the Gods: the Rise of Modern India*. Anchor Books, 2012.

"Martin Luther on Marriage: 7 Quotes in 7 Days." *Living by Design Ministries*, 4 Feb. 2018, https://livingbydesign.org/martin-luther-on-marriage/.

Murrow, David. *Why Men Hate Going to Church*. Thomas Nelson, 2011.

Patel, Rita. *May You Be the Mother of a Hundred Sons: the Practice of Sex Selective Abortion in India*. The University Center for International Studies, The University of North Carolina at Chapel Hill, 1996.

Person. "Dennis Prager – *Judaism's Sexual Revolution_ Why Judaism (and Then Christianity) Rejected Homosexuality* - Instruction Manuals - The Best Way to Share & Discover Documents." DocGo.Net, DocGo, 25 July 2017, https://docgo.

net/dennis-prager-judaism-s-sexual-revolution-why-judaism-and-then-christianity-rejected-homosexuality.

Prescott, William Hickling. *History of the Conquest of Mexico: with a Preliminary View of the Ancient Mexican Civilization and the Life of the Conqueror Hernando Cortés*. Folio Society, 1994.

Reilly, Robert R. *The Closing of the Muslim Mind: How Intellectual Suicide Created the Modern Islamist Crisis*. ISI Books, 2015.

Rosen, William. *The Most Powerful Idea in the World: a Story of Steam, Industry, and Invention*. University of Chicago Press, 2012.

Ryan, Edward. *The History of the Effects of Religion on Mankind ; in Countries, Ancient and Modern, Barbarous and Civilized ... by ... Edward Ryan*. Printed for J.F. and C. Rivington, 1788.

Schmidt, Alvin J. *How Christianity Changed the World*. Zondervan, 2004.

Slavery Today | International Justice Mission. https://www.ijm.org/slavery/.

Stamp, Josiah Lord, and Rufus M. Jones. *Christianity and Economics*. Macmillan, 1939.

Stark, Rodney. *The Triumph of Christianity: How the Jesus Movement Became the World's Largest Religion*. HarperOne, 2011.

Stark, Rodney. *How the West Won: the Neglected Story of the Triumph of Modernity*. ISI Books, 2015.

Stark, Rodney. *How the West Won: the Neglected Story of the Triumph of Modernity*. ISI Books, 2015.

Reconocimientos

Este libro fue inspirado por mi tiempo con la Fundación Akha en el norte de Tailandia. El director, Aje Kukaewkasem, me retó a escribir un libro sobre una conferencia que di sobre cómo la Biblia transforma la cultura. El grupo tribal Akha solo ha tenido un lenguaje escrito desde la década de 1950 y está mostrando una respuesta significativa al mensaje cristiano. Este libro está diseñado para ellos y otras nuevas generaciones de cristianos sobre cómo la Biblia formará y transformará su cultura.

Muchas gracias a mi editora, Hannah Pearman, por sus muchos comentarios e ideas útiles. Gracias también a Mike Judson, del Denver Post, por corregir el borrador final y hacer cambios útiles. Se agradece mucho a la Escuela Dominical de Beecher Island por escuchar con paciencia mientras se les leían los primeros borradores de este libro. Agradezco a mis alumnos de la Universidad Cristiana de Colorado por sus comentarios sobre muchas de estas ideas y, como siempre, muchas gracias a mi maravillosa ayuda, Nancy, cuyo constante aliento me ha ayudado a terminar este libro.

www.ingramcontent.com/pod-product-compliance
Lightning Source LLC
Chambersburg PA
CBHW071909070526
44583CB00016B/1905